消費者事件 歴史の証言
―消費者主権へのあゆみ―

産業界・産業官庁との熾烈な攻防
被害を止めろ！高齢者のなけなしの金を奪った豊田商事事件

話し手 及川 昭伍
聞き手 田口 義明

消費者の権利確立
を胸に誓った元官僚が語る
消費者行政の進展をめぐる歴史の証言

発行 民事法研究会

は　し　が　き

　第二次大戦後、高度工業化が進展した時期に、先進国共通の構造的問題となった消費者問題に対応するために、日本で総合的な消費者行政が始まったのは、1965年でした。この年、経済企画庁に国民生活局が設置され消費者行政課が発足しました。初めての地方消費生活センターも、この年に兵庫県で開設されました。

　今年はそれから50年になります。この間に、地方消費生活センターは700カ所を超えるようになり、国の組織も消費者庁となりました。

　私は、この間に、経済企画庁の担当調査官や課長、局長、国民生活センターの理事長、国民生活審議会の委員、全国消費生活相談員協会の会長などの役職を歴任し、50年間の相当期間を日本の消費者行政に関与してきました。

　数年前から、「お前は、長いこと日本の消費者行政に携わってきたのだから、特に創生期の頃を含めて、後進のために書き残せ」という声を受けていました。私は80歳を過ぎていて、書く元気はありませんでしたが、要望に応じて講演を続けていました。講演集の出版の要請もありましたが、お断りしていました。

　しかし、今年は消費者行政発足50年ということで、畏友の田口義明教授が長時間インタビューし、その記録を出版したいという申し出がありました。そのインタビューの速記を編集してまとめたのが、この本です。十分な準備もなく、ひたすら私の記憶と記録に頼って、主として私の経験した重大な消費者事件や、重要な消費者法の制定過程などについて、裏話を含めて語っております。私の記憶違いや誤解もあるかもしれません。それらについては、お許しをいただきたいと思います。消費者に寄り添い、消費者の権利の確立のために格闘を続けてきた私の思いが少しでも伝わり、今後の消費者問題の解決や、消費者行政の発展、企業の消費者志向経営の向上などに少しでも役立てば幸いです。

　本書の出版にあたって、聞き役だけでなく事実関係の確認の役割も果たし

はしがき

てくれた田口義明教授に心から感謝します。また、全国消費生活相談員協会、特に同協会の下谷内冨士子顧問には反訳などの編集協力をいただきました。民事法研究会の大槻剛裕さんには、速記の修文や編集などで大変ご苦労をおかけしました。ご協力いただいた皆様に厚く御礼申し上げます。

 2015年10月

及川　昭伍

『消費者事件　歴史の証言
――消費者主権へのあゆみ――』

目　次

第1章　消費者政策の幕開け――大規模消費者事件と消費者保護基本法の成立

1. 消費者問題の発生 …………………………………………………… 1
2. 消費者問題が多発するようになった原因 ………………………… 4
3. 消費者問題に対する世界の対応 …………………………………… 5
4. 戦後日本の消費者運動 ……………………………………………… 9
5. 日本における消費者政策の始まり ………………………………… 10
6. 消費者支援行政の始まりと展開 …………………………………… 16

第2章　企業と消費者――企業の目覚めと消費者団体の誕生

1. 企業による消費者問題への取組みの展開 ………………………… 28
2. 消費者運動の発展 …………………………………………………… 34
3. 消費者運動の課題 …………………………………………………… 41

第3章　消費者の安全を守る――消費者安全三法の成立と危害情報システムのスタート

1. 消費者行政発足以前にも規制法はあった ………………………… 44
2. カネミ油症事件や製品事故の発生――「消費者安全三法」制定 ‥ 45

❸ 危害情報システムの開発・運用──OECD 消費者政策委員会からの知見……………………………………………… 47
❹ カナダの「ボックス999」──苦情を把握するための知恵…… 48
❺ 日米の危害情報に対する姿勢の違い──すぐに詳細な情報を発信するアメリカ………………………………………… 50
❻ 自動車の安全性をめぐる運動…………………………………… 51

第4章　オイルショックと物不足騒ぎ
── PIO-NET 開始の契機

❶ オイルショック・物不足騒ぎとは何か………………………… 53
❷ オイルショック・物不足騒ぎをきっかけとした PIO-NET 体制………………………………………………………………… 62
❸ 物不足騒ぎからの教訓…………………………………………… 65

第5章　サービス契約に切り込む
──約款への挑戦

❶ サービスについての審議が始まる──第4次国民生活審議会…… 69
❷ 消費者保護部会から消費者政策部会へ………………………… 75
❸ 国民生活審議会と研究者とのネットワーク…………………… 76
❹ 救急医療体制不備による死亡事故、千日デパート火災──第4次国民生活審議会分科会提言………………………… 77
❺ 第4次国民生活審議会サービス答申の意義…………………… 78

第6章　豊田商事事件の衝撃

❶ 後追い的規制──ネズミ講・サラ金・先物取引被害への

対応 …………………………………………………………… 80
❷ 豊田商事事件とは何か ……………………………………… 81
❸ 豊田商事の壊滅と残された被害者 ………………………… 85
❹ 豊田商事事件が問いかけた課題 …………………………… 87

第7章　一般ルール重視へ向けた流れ

❶ 規制緩和の時代における消費者行政 ……………………… 92
❷ 消費者の保護から消費者の自立へ ………………………… 94

第8章　産業界・産業官庁の壁を破った製造物責任法

❶ 製造物責任法制定へ向けた検討の背景 …………………… 96
❷ 製造物責任法制定へ向けた検討の開始 …………………… 97
❸ 製造物責任法をめぐる世界の状況 ………………………… 100
❹ 製造物責任法制定への期待が高まる──第12次国民生活
　　審議会消費者政策部会の報告 ……………………………… 100
❺ 第13次国民生活審議会での議論 …………………………… 101
❻ 流れが変わった第14次国民生活審議会 …………………… 106
❼ 製造物責任法、かくして成立 ……………………………… 109
❽ 製造物責任法の制定過程を振り返る ……………………… 109

第9章　約款の適正化から生まれた消費者契約法

❶ 消費者契約法の制定までの経緯 …………………………… 115
❷ 消費者契約法の内容 ………………………………………… 121

- ❸ 消費者契約法制定の意義……………………………………122
- ❹ 残された課題……………………………………………………123

第10章　対立する意見をまとめ、消費者の権利を宣明した消費者基本法

- ❶ 消費者保護基本法から消費者基本法へ……………………129
- ❷ 消費者基本法の制定を振り返る……………………………134

第11章　福田総理の所信表明演説——消費者庁・消費者委員会の誕生

- ❶ 消費者庁・消費者委員会発足の経緯………………………141
- ❷ 消費者庁設置のキーパーソン………………………………150
- ❸ 消費者庁関連3法成立の過程を振り返る…………………150
- ❹ 消費者庁・消費者委員会発足後の動き……………………153

第12章　消費者市民社会への道創り

- ❶ 消費者行政が直面している課題と進むべき道……………158
- ❷ 新しい道創りへの挑戦を……………………………………161

《年表》消費者問題等の歴史（1945年〜2014年）……………………163
主要参考図書……………………………………………………………175
著者略歴…………………………………………………………………177

凡　例

(法令)

JAS法	農林物資の規格化及び品質表示の適正化に関する法律
医薬品医療機器等法	医薬品、医療機器等の品質、有効性及び安全性の確保等に関する法律
飲食物取締法	飲食物その他の物品取締に関する法律
買占め・売惜しみ緊急措置法	生活関連物資等の買占め及び売惜しみに対する緊急措置法
化学物質規制法	化学物質の審査及び製造等の規制に関する法律
貸金業規制法	貸金業の規制等に関する法律（2006年改正により貸金業法へ改称）
景品表示法	不当景品類及び不当表示防止法
住宅品質確保法	住宅の品質確保の促進等に関する法律
消費者教育推進法	消費者教育の推進に関する法律
消費者裁判手続特例法	消費者の財産的被害の集団的な回復のための民事の裁判手続の特例に関する法律
消費者庁等設置法	消費者庁及び消費者委員会設置法
特定商取引法	特定商取引に関する法律
特定商品預託法	特定商品等の預託等取引契約に関する法律
保険募集取締法	保険募集の取締に関する法律（廃止）
有害物質規制法	有害物質を含有する家庭用品の規制に関する法律
民法改正法案	民法の一部を改正する法律案（平成27年3月31日第189回国会提出閣法63号）

凡例

(組織その他)

PIO-NET	全国消費生活情報ネットワーク
PL法消費者全国連絡会	消費者のための製造物責任法の制定を求める全国連絡会
経産省	経済産業省
国交省	国土交通省
国民生活センター	独立行政法人国民生活センター
最高裁	最高裁判所
自民党	自由民主党
主婦連	主婦連合会
消費者委員会	内閣府消費者委員会
全国消団連	全国消費者団体連絡会
通産省	通商産業省
都地消連	東京都地域消費者団体連絡会
日弁連	日本弁護士連合会
農水省	農林水産省

(写真等提供元・出典)

表紙写真および本文149頁写真	消費者庁情報誌「消費者庁 NOW！」7号（平成24年6月28日発行）〈http://www.caa.go.jp/info/infosend/pdf/07_now120628_1-2.pdf〉
本文22頁写真	国民生活センター提供
本文84頁写真	朝日新聞社提供
本文105頁写真	ニッポン消費者新聞提供

第1章 消費者政策の幕開け――大規模消費者事件と消費者保護基本法の成立

1 消費者問題の発生

❶ 昔は「消費者問題」がなかった

田口：初めに、そもそも日本で消費者問題は、どのような形で発生してきたのかという点について、お話を聞かせていただけますでしょうか。

及川：100年前には、食中毒が起きても、誰も消費者問題とは言わなかったのです。食中毒は、人間生活が始まって以来、日常茶飯に起きることでした。日本人の7割〜8割が農民の時代には、自分がつくったものを自分で食べていました。腐ったものかどうかは、自分で臭いを嗅いで判断していました。私は今年で83歳になりますけれども、私の子ども時代でもそうでした。仮に食中毒が起きたとしても、それは自分の不注意といわれました。いうなれば、つくる人と消費する人との間に情報の格差がなかった時代であり、消費者問題とはいわれない時代でした。

　ところが、高度経済成長の時期、すなわち1960年前後からの高度技術社会になって状況が変わってきます。当時、私は、すでに経済企画庁に勤めていました。経済水準が戦前を上回ったというので、1956年度の『経済白書』で、「もはや戦後ではない」と表現されたように、高度経済成長で急激に経済が発展して生活が豊かになり、物も豊富になってきたわけです。そのような社会構造の中で、つくる人と消費する人が分離していきました。そうすると、消費者が注意しても被害を免れられないこと、そして、1つの事件で、被害

第 1 章　消費者政策の幕開け──大規模消費者事件と消費者保護基本法の成立

者が何千人、何万人出るとか、何十人、何百人も死亡する事件が、続々と起きてきました。

❷　大規模被害事件の発生──森永ヒ素ミルク事件、サリドマイド事件、カネミ油症事件、スモン病事件

及川：例えば、一番先に起きた典型的な事件として、森永ヒ素ミルク事件があります。1955年、関西地方で乳児が原因不明の奇病にかかり、亡くなる子も出ました。調べていくと、被害者は皆、森永乳業株式会社（以下、「森永」といいます）の乳児用粉ミルクを飲んだことがわかってきました。そこで、専門家が森永の粉ミルクの成分を調べてみると、ヒ素が入っていたことがわかったわけです。正確な統計はありませんが、約1万2000人の被害者が出て、約130人の方が亡くなったといわれています。被害者の家族は、森永に対して損害賠償を請求しようとしましたが、小売店と売買契約をして粉ミルクを購入しているにすぎず、メーカー（森永）とは直接の契約関係がありません。森永に損害賠償請求をするには不法行為責任（民法709条）を追及する以外にありませんでした。今のように製造物責任法が制定されていない時代ですから、その訴えを裁判所に認めてもらうためには、事業者の「故意又は過失」や、事業者の行為と被害との間の相当因果関係を消費者側が立証することが必要でした。これらを立証するための証拠は、企業秘密の壁に閉ざされており、ハードルが非常に高かったわけです。後に、ドライミルクの乳質安定剤として用いた第二リン酸ソーダの中に、不純物としてヒ素が入っていたということがわかってきますが、結局裁判でも消費者が勝つのではなく、事件から約20年も経った1974年になって、やっと和解が成立するという、消費者が大変な苦労をした大事件でした。

　また、1962年にサリドマイド事件がありました。これは、つわりをなくすために医者から処方された睡眠剤・鎮静剤を飲んだお母さんたちから、手や足が短い奇形の子どもが生まれるという事件でした。この薬の中にサリドマイドという薬剤が含まれていたのです。その子どもの中には、今でも生存し、

社会的にも活躍している方もいますが、被害者は約1300人にも上り、そのうち亡くなった方は約300人といわれています。サリドマイドは、日本では大日本製薬株式会社（現在の「大日本住友製薬株式会社」）が睡眠剤に含有させて販売していましたが、当時、ドイツではすでに薬害被害が生じて販売中止になっていました。にもかかわらず、日本ではそのまま売られ、非常に大きな被害を生み出したわけです。これも訴訟になりましたが、最終的には被害から約10年も経った1974年に、やっと和解で解決しました。

　1968年には、カネミ油症事件がありました。これは、カネミ倉庫株式会社（以下、「カネミ倉庫」といいます）でつくられた米ぬか油に、ベトナム戦争で枯葉剤としても使われたPCBという化学物質が入っており、これを摂取した消費者に健康被害が生じたという事件です。約2000人の被害者がおり、そのうち約120人が亡くなった事故だといわれています。約2000人という被害者数は最終的に関係者が認定した被害者数ですが、被害を届け出た人の数は約1万4000人もいました。このPCB自体をつくっていたのは、カネミ倉庫の関係会社である鐘淵化学工業株式会社（現在の「株式会社カネカ」。以下、「鐘淵化学」といいます）という大手の企業でしたので、メーカーのカネミ倉庫だけではなく、カネミ倉庫に対して支配能力のある鐘淵化学や国も相手にして訴訟が起こされました。

　実は、当時、経済企画庁国民生活局長であった私に対して、鐘淵化学から、メーカーの責任の範囲を明確化するために、早く製造物責任法を制定してほしいという陳情がありました。鐘淵化学は、PCBという素材をつくっているだけであり、その素材は食品に混入させて使うべきものではなく、そのような場合にも素材メーカーが被害の賠償をしなければならなくなると、際限ない損害賠償責任を負担することになり、経営上、大問題であるという不安があったようです。それほど、この事件では、誰が責任を負うべきかということが鋭く争われました。この訴訟も、最終的には被害発生から20年近くもかかって、和解という形で解決されています。

　その他、1970年にはキノホルムという薬品によるスモン病事件もありまし

た。1955年頃から、激しい下痢や重い視力障害などに悩む患者が全国的に多発しました。患者は約1万人、死亡者は約500人ともいわれています。原因がわからず、症状の英語名の頭文字をとって「スモン病」と呼ばれました。1970年に胃腸薬のキノホルムが原因であることが判明し、厚生大臣は販売・使用中止としました。国と製薬会社を被告とした訴訟が提起され、1978年に、原告患者側の勝訴となった事件です。

　このように何千人という被害者、何百人という死亡者が出る事件が続々と起こっていました。こうなると、消費者がどれだけ注意しても防ぎようがありません。このような、1950年代末から1970年代初頭にかけての新しい問題に対して、何か対応策をとらなければならないということになったわけです。

2　消費者問題が多発するようになった原因

田口：そうした消費者問題が多発するようになったのはなぜでしょうか。
及川：消費者問題が多発するようになった原因について、私は3つの構造的な問題があると考えています。

　1つは、高度工業化時代に入り、生産者と消費者の間に技術力や情報力の点で大きな格差が生じたことです（「情報の非対称性」といいます）。

　2つ目は、大量生産・大量消費の時代に入り、同時に被害も大量に発生するようになったことです。すなわち、1人あたり1000円とか数千円くらいの被害であっても、何万人・何十万人という被害が大量生産・大量消費のために生ずることで、消費者問題が大規模化しやすくなったということです。

　3つ目は、大量に広告が出されるようになったことに加えて、流通革命により、例えば九州でつくったものを北海道の人が消費することも日常的になり、さらには輸入も多くなってきたことです。生産する場所と消費する場所が離れることで、消費されるものに関する情報が十分に伝わらなくなり、消費者の選択の能力が非常に弱まったことにある、と考えています。

3　消費者問題に対する世界の対応

❶　近代市民社会の原則に疑問を投げかけた消費者問題

田口：日本において消費者問題が意識されるようになってきた当時、世界では、消費者問題はどのように捉えられていたのでしょうか。

及川：1960年代になると、先進国では、先ほど述べた消費者問題発生の主な原因である、事業者と消費者の情報力の格差が非常に大きくなっていました。そうなると、近代市民社会で市民が平等だといわれてきた原則は本当なのか、大きな不平等が生じてるのではないか、それに対して構造的な対応策を講じなければならないのではないかという問題が議論されるようになってきました。

　少し詳しく説明しますと、近代市民社会においては、契約自由の原則——契約は双方の当事者が対等な立場で自由に締結できるという原則——、そして被害が発生した場合に過失があるほうが損害を賠償する責任があるという過失責任の原則があります。また、損害賠償を請求する場合、その過失は被害者側が立証しなければなりませんでした。そうなると、さきほどの大規模被害事件の場合でもそうですが、過失を立証しようにも企業秘密の壁に阻まれて立証できないという問題が出てきて、そのような原則に対しても、修正を加えるような制度や政策を行わなければならないのではないかという問題が議論される時代に入っていったのです。

対談中の及川氏（左）と田口氏（右）

❷ ケネディ大統領が示した消費者の「4つの権利」

田口：そうした問題が真っ先に現実化したのはアメリカですね。
及川：先進国の中でもいち早く高度工業化が進み、大量生産・大量消費の時代を迎えたのは、アメリカだろうと思います。アメリカでも、日本と同じような、あるいは自動車事故等では日本よりもっと激しい事故がありました。1965年には、アメリカの弁護士で社会運動家でもあるラルフ・ネーダーという人が、「どんなスピードでも自動車は危険だ」ということを主張したりした告発型消費者運動が起きています。

　そのような消費者運動に対応する形で政策を打ち出したのは、ケネディ大統領でした。ケネディ大統領は、1962年に「消費者の利益保護に関する特別教書」（ケネディ教書）というものを議会に送り、世界で初めて、消費者には4つの権利があるということを宣言しました。第1は、安全を求める権利。第2は、知らされる権利。第3は、選択する権利または選ぶ権利。第4は、意見を聞かれる権利です。

　さらに、ケネディ大統領は、その教書の中で、この権利は連邦政府がそれが実現するように擁護する、連邦政府にはその責務があるとまで言っています。要するに、連邦政府が責任をもってこの権利を守るのだということを言っているわけです。アメリカで、消費者の4つの権利が確立され、消費者保護の行政が連邦の責任として総合的にスタートした。世界の消費者行政がこのとき始まったといってよいと思います。

❸ 「4つの権利」から「8つの権利」へ

田口：消費者問題の発生に対して、アメリカを含め世界全体ではどのような取組みが行われたのでしょうか。
及川：世界ではさまざまな消費者問題が起きていたわけですが、それに対応して国際的な消費者運動が起こりました。最初は、商品テストをしている団体が「国際消費者機構（IOCU）」という消費者団体の連盟をつくりました。

それが途上国の消費者団体も含めた大きな団体に発展し、現在では「コンシューマーズ・インターナショナル（Consumers International：CI）」という消費者組織になっています。

1982年になると、この国際組織は、ケネディ教書の「4つの権利」を踏まえ、「8つの権利」を消費者の権利として宣言しています。

8つの権利の内容は、第1に、基礎的需要を満たされる権利またはベーシック・ニーズと呼ばれるもの。第2に、安全の権利。第3に、知らされる権利。第4に、選ぶ権利。第5に、意見が反映される権利。第6に、救済される権利。第7に、消費者教育を受ける権利。第8に、健全な環境を享受する権利です。そして今、世界の消費者運動では、この8つを消費者の権利として理解するようになっているわけです。

このうち、消費者教育を受ける権利や救済される権利は、ケネディ大統領の後のニクソン大統領・フォード大統領によって、米国でも認められていたものですが、第1の生活の基礎的需要を満たされる権利と、第8の健全な環境を享受する権利は、先進国では、必ずしも消費者の権利すなわち消費者行政の対象とは理解されていないといってよいでしょう。第1の基礎的需要を満たされる権利（ベーシック・ニーズ）は、例えば、食べるものがあるとか、着るものがあるとか、雨露をしのぐ家があるとか、要するに衣食住の最低限度が保障される権利です。国際消費者機構には発展途上国も非常に多く参加しています。発展途上国ではまだ衣食住に不足している状況があるため、第1の権利としてこれを唱えているわけです。第8の健全な環境を享受する権利というのは、人々が非常に不健全な環境のもとで暮らしていることの現れであって、発展途上国では消費者運動の対象の中心になっている権利です。日本では、むしろアメニティーのための環境行政として別途独立しており、直接の消費者問題・消費者行政の対象とはなっていないのではないかと思います。

❹ 「5つの責務」

田口：消費者には権利があるという考え方の一方で、消費者が果たさなければいけない役割や責務についてはどのような議論があったのでしょうか。

及川：国際消費者機構では、消費者に8つの権利があるというだけではなく、消費者には「5つの責務」があるともいっています。

　第1は、批判的な意識をもつ責務です。消費者は、事業者や行政が言うことを鵜呑みにするのではなくて、主体的に、批判的に理解し、納得してから行動しなければならない、という責務です。

　第2は、主張し、行動する責務です。批判的な意見をもったら泣き寝入りしてはいけないということです。

　第3は、社会的関心をもつ責務です。消費者は自分の行動が社会にどういう影響を与えるか、特に弱者に対して影響を与えることについてしっかり責任をもちなさい、ということです。公共の乗り物で座席を独り占めにする、座席を必要としている方を見て見ぬふりをすることなどはよくないでしょうし、物が足りない時代に財力がある消費者が買い占め財力の乏しい人のところへ物が行き渡らないということもおかしいでしょう。そのように、自分の行動が社会にどういう影響を与えるのかということについて、責任をもたなければならないということです。

　第4は、環境への自覚をもつ責務です。公害は企業が生み出すだけではありません。消費生活行動の中で発生するごみや廃棄物も大きく環境を汚染するということが明らかになってきています。そのような消費者の行動が環境を破壊しないように、環境への自覚をもたなければならないということです。

　第5は、連帯する責務です。国際消費者機構は、1人では消費者は弱いという前提のもとに、消費者はそれぞれ連帯するべきであり、さらに世界的にも消費者団体が連帯するべきであると、大きく捉えています。

　最近では、日本の消費者運動でも、この8つの権利、5つの責務という世界の標準に従って運動が展開されているようです。

田口：この部分については、いずれまた詳しくお話をうかがいますが、この「消費者の責務」という観点は、非常に現代的な感じがします。21世紀に入ってわが国にできた消費者基本法では、権利の尊重と自立の支援を消費者政策の2つの柱にしていますが、これは国際消費者機構が提唱した8つの権利と5つの責務にほぼ対応しています。5つの責務というのは、今日、消費者教育においてテーマとなっている消費者市民社会づくりの中で、消費者は自分の行動だけに意識をもつのではなくて、社会に与える影響を考えて行動をすることが目指されていて、それが消費者教育の最終的な目的でもあるといわれています。その芽になるものがこの5つの責務にはすべて入っているのですね。批判的にみる、主張・行動する、社会への関心をもつ、環境へ与える影響を自覚する、さらには消費者が連帯して社会づくりをする。1982年に宣言されたものですが、現在でも非常に大きな意味をもっていると思います。

4　戦後日本の消費者運動

田口：世界的な消費者運動がそのように展開される一方、日本ではどのような形で消費者運動が展開されていったのでしょうか。

及川：日本でも、終戦直後は、食糧難が大問題になりました。戦後の日本の消費者運動の第1号は、関西主婦連合会の前身である鴻池主婦の会、比嘉正子氏が中心に行った「お米よこせ」というデモです。デモの際に風呂敷をもって行われたことから「風呂敷デモ」ともいわれます。まさしく、「お米をよこせ」、「食べるお米をよこせ」という運動でした。

　東京の主婦連ができたのはそれから2年後です。不良マッチを退治するという運動を奥むめお氏（後に参議院議員）が中心になって始めました。これが主婦連の始まりです。これも「お米よこせ」運動と似たようなことで、当時、配給されていたマッチのうち半分以上に火が付きませんでした。今では、あまり使う人がいませんが、当時は必ずマッチでまきに火を付け、お米を炊いて食べるわけですから、マッチがなければ食べるものがつくれなかったの

です。

このように、国際消費者機構の第1の基礎的需要を満たされる権利に対する運動は、日本でも、戦後すぐの頃にはあったのです。

5 日本における消費者政策の始まり

❶ 日本の消費者政策の背景──国民所得倍増計画の光と影

田口：消費者問題の発生に対して世界的に政策対応が進む中で、日本では制度・政策としてどのような対応がなされたのでしょうか。

及川：日本における消費者行政の基本は、1968年に制定された消費者保護基本法であり、これを機に日本の消費者行政が体系的・本格的に始まったといってよいと思います。

ただ、アメリカを中心とした先進国では、消費者の権利を認めてその権利を擁護するという流れで消費者行政が行われていったのに対して、日本では、消費者保護基本法が制定される過程で、消費者団体やその他の革新団体などから消費者の権利を認めるべきであると強く主張されたのですが、消費者保護基本法の中に消費者の権利を書き入れることはなされませんでした。消費者の権利を書き入れず、消費者は、弱者として保護する、という消費者行政が日本で始まったわけです。

田口：日本では、なぜ消費者の権利をベースとした政策体系にならなかったのでしょうか。その辺のバックグラウンドを教えてください。

及川：それでは、消費者保護基本法の制定に至る過程についてお話しましょう。高度成長期に入って消費者問題が多発したと先ほど申し上げました。高度成長期を表わす典型的なものは、何といっても池田内閣の「国民所得倍増計画」だろうと思います。「国民所得倍増計画」は1960年に策定されました。経済企画庁が中心になって、経済審議会の議論を経てつくられたものです。池田勇人氏が内閣総理大臣になると、ブレーンの下村治氏の意見をとり入れ

て、「月給2倍論」ということを言い出しました。そして、いろいろと議論した結果、10年間で所得を倍増するという所得倍増計画をつくったわけです。

　これを受けて、高度成長の時代が本格的に始まりました。結果をみると、1955年〜1973年にかけて、年平均10％程度の成長になりました。10年で倍増以上の成果を上げて、生活は非常に豊かになりました。「三種の神器」といわれた家電製品（テレビ、洗濯機、冷蔵庫）も急速に普及し、また、公団住宅のような住宅も普及し、生活レベルはこの時代に非常に向上していったわけです。

　ただ、物質的に豊かになった半面で、成長至上主義の経済運営の歪みが出てきました。その1つが物価上昇です。成長至上主義のもとで物価は上昇し、インフレになるという問題がありました。2つ目は、公害の問題です。日本各地で深刻な公害が発生しました。水俣病、イタイイタイ病、四日市ぜんそくなどの公害をはじめとして、東京の多摩川も泡だらけになり、スモッグで空気が1年中汚れているなど、全国で大変な問題になりました。3つ目は、消費者問題です。先ほど触れた森永ヒ素ミルク中毒事件などの大規模な消費者問題をはじめとして、さまざまな消費者問題が多発するようになりました。

　池田総理はガンを患っており、東京オリンピックが終わると同時にオリンピックを花道に退陣されました。次の内閣総理大臣になった佐藤栄作氏は、経済政策では高度成長を維持しながらも成長一本やりではなくて、社会開発を看板に掲げたわけです。

　よく、国政を官僚主導から政治主導に変えなければならない、という議論が出ていますけれど、実はこの頃は政治主導なのです。所得倍増計画も池田氏が主導して形にした。社会開発も佐藤氏が主導して実施した。佐藤内閣の頃に、いずれは消費者問題にもつながる「『社会開発』とは何か」という基本的な問題について、経済企画庁内に研究会をつくり、厚生省企画室にいた長尾立子氏（後の法務大臣）らとも議論したのを覚えています。

❷ 消費者行政の発足──国民生活局の誕生

田口：「社会開発」という構想の中で、消費者問題や消費者行政はどのような形で取り上げられたのでしょうか。

及川：1967年に佐藤内閣のもとでつくられた「経済社会発展計画」の中で、初めて消費者保護と消費者教育について新しい項目がつくられました。その中には、消費者保護や消費者教育は、行政だけが進めればよいのではなくて、消費者団体が活発に活躍しながら消費者対抗力を強めていかなければならないという内容が盛り込まれました。このとき、初めて、生活協同組合（生協）を支援する言葉が政策の中に出てきたのです。それまで、政府によって生協への規制が強められ、規制反対のために消費者団体連絡会ができたりした時代であり、一般的に生協は政府と敵対関係にあると思われていました。生協の育ての親といわれている、日本生活協同組合連合会（生協連）の中林貞男氏（当時は専務理事、後に会長）は、生協の活動が初めて政府の公文書で評価されたと言って喜んだ、と聞いています。

　それと並行して、経済企画庁の中に、国民生活向上審議会がつくられて、ケネディ教書とほぼ同じ消費者の権利を謳って消費者保護を政府として進めるべきだという答申を出したのもこの時期です。そして、1963年には農林省に食品の問題その他の対応をする消費経済課ができ、1964年には通産省に企業の消費者問題を取り扱う消費経済課ができていったわけです。

　他方、当時、「行政改革」が議論されており、第1次臨時行政調査会による1964年の答申「行政改革に関する意見書」によって、全省庁が一律に局を1つ減らすことになりました。どの局を減らすかについて全省庁が大騒ぎをしている中で、この臨時行政調査会はもう1つ、別の提案をしました。それは、経済企画庁に新たに消費者局を設置して消費者行政を本格的に進めよ、というものです。行政の効率化と経費削減を主目的とする行政改革の調査会としては非常に珍しい、「局を1つつくれ」という答申を出したのです。このように、社会的に物価問題や消費者問題がとても重要な課題になってきた

時代でした。

　そのような経緯を経て、1965年に経済企画庁に国民生活局ができました。国民生活局は国民生活課、物価政策課、消費者行政課の3つの課で発足しました。また、「消費者行政」という言葉が日本の法令（経済企画庁組織令の一部を改正する政令）で初めて使われ、消費者支援を含めた総合的な消費者行政も、この年に始まりました。この年から数えると2015年が、ちょうど50年ということになるわけです。

　消費者行政課が発足した時の課員は十数名しかいませんでした。そのような体制ではあまり大きなことはできません。さらに、直接消費者に接するのは、中央官庁ではなくて、地方公共団体です。したがって、当時の最大の課題は、地方公共団体で消費者行政をどう進めていくかということでした。また、産業振興中心に行ってきた各産業官庁に対して、どのように消費者重視の政策へ転換を求めるか、ということも大きな課題でした。

❸ 消費者保護基本法の制定と意義

田口：そうした課題に対応するための政策枠組みとして、1968年に消費者保護基本法が制定されることになるのですね。

及川：消費者政策を総合的・体系的に実施することが必要だという議論は、1965年に国民生活局が発足する2〜3年前から国会の中で始まっていました。衆議院・参議院にできていた「物価問題等に関する特別委員会」において議論されていましたし、当時の民主社会党（民社党）が独自に「消費者基本法案」を2回にわたって提出していました。ただ、他党とあまり協議せずに提出していたことから、いずれも国会では審議未了・廃案になっていました。

　1967年になり、国会では全政党で、本格的に消費者保護基本法を制定しようという議論が始まりました。「物価問題等に関する特別委員会」の委員長を務めていた日本社会党（社会党）の戸叶里子氏が、委員長試案として「消費者保護基本法要綱試案」というものを出しました。それをもとに議論して、1968年に、委員会の筆頭理事だった自民党の砂田重民氏が中心になり、自民

党が試案をつくりました。さらに、それをもとに各党が意見調整をして、国会に提出し成立したのが、「消費者保護基本法」です。

　意見調整の過程では、消費者の権利について盛り込むか、ということが最大の議論でした。特に、消費者団体には、消費者の権利を書かないような消費者保護基本法はなくてもよい、という意見も強くありました。議論に議論を重ねた結果、最も強硬に消費者の権利を盛り込むべきと主張していた生協連の中林貞男氏が、「消費者の権利自体は法文上に書かれていないが、権利が認められることを前提にして、このような施策を行うことにしたと理解する。これで納得しよう。そうであれば、消費者団体としても意志統一ができている」ということを言われて、結局、自民党・社会党・民社党・公明党の４党共同提案の国会に法案が提出されました。1968年４月９日に提出され、成立したのは５月24日です。自民党から日本共産党まで、全会一致でした。そして、５月30日、成立の１週間後に公布されて、即日施行されました。通常、法律は、公布から施行までに、数カ月〜１年程度の準備期間を必要としますから、公布日と施行日は異なるのが一般的です。しかし、消費者保護基本法は公布日と施行日が一緒です。これは、この法律には、新しい権利や義務を法律的に付与したり、新しい組織をつくるなど、法律で規定する必要のある、いわゆる法律事項は何もないので、公布日と施行日が一緒でも差し支えないためです。学者からは、法律事項がないことから「法律に値しない」と言われることもありましたが、私はそれも承知したうえで、この消費者保護基本法はその後の消費者行政の展開に非常に大きな役割を果たしたものとして高く評価できると考えていますし、実際、さまざまな局面で消費者保護基本法は使われていったと思っています。

　消費者保護基本法は、消費者の権利を法定しませんでした。消費者は弱者であるということを認めて、行政が全面的に擁護するという内容です。その意味で、パターナリズムの家父長的・温情主義的な消費者行政だと批判されることもありました。しかし、消費者保護基本法の提案理由説明の第１番目に、この消費者保護基本法は、ケネディ大統領の「消費者の利益保護に関す

る特別教書」と同じような消費者の権利を前提として提案をすると書かれています。ですから、消費者の権利について、法文には盛り込めなかったものの、法律の背景として消費者の権利を非常に意識していたのは確かであり、そうであるからこそ、消費者保護基本法をもとに、その後の消費者行政は非常に多くの成果を上げることができたのではないかと思っています。

❹ 消費者保護基本法の内容

田口：消費者保護基本法の構成や中身はどう整理されたのでしょうか。

及川：消費者保護基本法の内容については、解説書も多いので、あまり詳しくは触れませんが、消費者保護の基本理念・目的について規定した後で、消費者問題の当事者、つまり行政・事業者・消費者の「責務」と「役割」が定められています。ただし、行政と事業者については「責務」ですが、消費者については「役割」と書かれています。消費者についても「責務」ではないのか、という議論がありましたが、消費者の権利が規定されなかったこととの関係もあり、「責務」ではなくて「役割」という表現にされたものです。権利と責務には裏腹の関係があることから、消費者に一定の配慮をしたということです。そういう「責務」・「役割」を明示したうえで、行政が実施するべき仕事として、危害の防止、計量・規格・表示の適正化や自由・公正な競争、啓発・教育、意見の反映、試験検査、苦情処理、消費者の組織化等が書かれたわけです。

　私が特に注目し、活用したのは消費者保護会議でした。学者は、消費者保護基本法は、法律事項のない法律だと批判しましたが、実は、消費者保護会議の設置だけは法律事項ではないかと言われていました。消費者保護会議は、法律で役割を与えて設置するからです。

　確かに、消費者保護会議は、消費者保護に関する基本的な施策の企画について審議し、その施策の実施を推進する事務を司る機関、すなわち、企画について審議する機関であり、企画する機関・決定機関ではありませんでした。

　しかし、消費者保護会議の実際の運用にあたっては、「保護会議決定」と

いう標題をつけた文書を作成し、決定機関であるような対応をしても、どこからもクレームは出されませんでした。当時、消費者保護に関係する省庁は20近くありました。事務局である経済企画庁の消費者行政課では、毎年、それぞれの省庁のそれぞれの課の業務・政策について細かくヒアリングし、消費者保護の観点からそれぞれの施策について細かく注文を出し、返事をもらって施策の審議をし、消費者保護会議決定事項をつくり上げていきました。

　こうして、消費者保護会議は、たとえ審議機関であるとしても、消費者保護の観点を施策に盛り込む重要な役割を担っていくことになりました。この消費者保護会議を通して、消費者保護にかかわるいろいろな法律が生まれ、新しい施策がつくり上げられていったといってよいと思います。

6　消費者支援行政の始まりと展開

❶　消費者行政の2つの側面——規制行政と支援行政

田口：日本の消費者行政は、基本的にどのような体系のもとで形成されたのでしょうか。

及川：日本の消費者行政を大別すると、相対的に強者である事業者を規制する、いわゆる規制行政の側面がある一方、弱者である消費者を支援する給付行政または支援行政というもう1つの側面があります。この2つの大きな側面から、日本の消費者行政が形づくられていきました。

　事業者を規制する行政というのは、実は従来から行われていました。工業標準化法（JIS法）、JAS法、食品衛生法、薬事法などという法律は、戦後すぐの時代から法律として存在していました。ただ、それは主として、産業振興、産業の健全な育成という観点から、規格の統一や輸出入の便宜などを目的として各事業官庁によって制定されていたものでした。そこへ消費者保護基本法が制定され、消費者保護の視点が付け加えられるようになり、消費者保護会議の議論で最終確認されるという作業が行われるようになっていきました。従来の産業振興、産業の健全な育成を目的としていた規制官庁が、新

しく消費者保護の観点を組み込みながら政策を遂行していくようになったわけです。

一方、弱者である消費者を支援する行政というのは、日本で初めて導入されたといってよいと思います。産業振興の行政はずっと行われてきましたが、国レベルでは、消費者視点の行政はほとんどありませんでした。地方公共団体では少しありましたが、ほとんどなかったといってよいでしょう。日本における消費者支援行政は、ここから始まりました。

田口：初めて取り組むことになった消費者支援行政はどのようにして実施されたのですか。

及川：消費者支援行政は、社会にはどのような消費者問題があり、国レベルでどのような対応が望まれているかなどを知ることから始まりました。

消費者行政が非常に進んでいた兵庫県は、1965年に神戸市の三宮駅前に生活科学センター、さらに姫路にも研修センターをつくり、消費者相談、商品テスト、消費者啓発という業務を手掛けていました。私も視察に行きましたが、非常に参考になり、消費者相談だけでは消費者被害防止には不十分であり、消費者啓発と商品テストをやらなければならないと実感しました。

また、消費者団体の活動では、主婦連の活動が非常に参考になりました。主婦連は消費者相談をやっていましたし、商品試験室で高田ユリ氏（後の主婦連会長）が中心になって、試験室でさまざまな商品テストを実施して問題点を指摘し、社会的にも評価を受けていました。主婦連では消費者大学などの呼び名で消費者教育もやっていました。

❷ 消費者支援行政の拠点としての消費生活センター体制の構築

及川：そのようにして得た知見をもとに、3つの業務、すなわち消費者相談、消費者啓発・教育、さらにそれらを支援するために商品テストを実施する、いわば消費者問題対応の「砦」、拠点としての消費生活センターを、補助事業として全都道府県につくることになりました。これが経済企画庁が最初に

手掛けた給付行政です。ただ、まだ地方自治法では消費者保護が地方行政の仕事とは書かれておらず、1969年の地方自治法の改正によって消費者保護は地方の仕事となりました。買い物ついでの主婦の方が気軽に相談に来れるように、県庁の中ではなくて駅前の繁華街などに新たな施設をつくる補助金を出し、3～4年程度かけて、全都道府県に消費生活センターが設置されました。さらに、サブセンターとして、都道府県の第2番目の都市に2つ目のセンターも設置されるなどして、全国的に体制が整備されていきました。

❸ 市町村と県との関係

及川：地方公共団体における消費者保護の体制が整ってくると、次に市町村と県の関係をどうするかという議論が出てきました。実は、消費者保護基本法では、消費者相談の仕事は基本的に市町村の仕事と書いてあったのです。そこで、市町村にも相談業務を奨励していったところ、いくつかの県から、市町村が相談業務をやるのであれば都道府県で相談業務をやる必要はないのではないか、都道府県の消費生活センターは廃止してよいのではないか、という声があがってきました。ただ、消費者保護基本法は、直接相談を受けるのは市町村と定めている一方、国や都道府県に対しても環境整備を行うことを求めています。そうすると、市町村の消費者相談体制が不十分なときには、都道府県は相談体制の構築や環境整備をしっかりやらなければなりません。市町村の相談体制が十分整ってきたならば、都道府県は個別の市町村の枠を超えた広域的な消費者問題や、市町村の調整・指導に重点を移し、相談業務の一定分野から手を引いてもよいということになります。

　相談体制のつくり方のよい例は東京都でした。東京都は、それぞれの区や市町村の相談体制が不十分な時期には、主要なターミナルの駅前に消費生活センターを設置していました。その後、それぞれの区が相談センターを設置するという状況になったときに、その区内にある都の消費生活センターを廃止して、区のセンターだけにしたのです。現在では、東京都は、飯田橋にある中央センターと多摩の中核センターを充実させて、都内市町村と特別区の

相談業務を支援する義務にシフトしています。

　単独では相談業務が担いきれない市町村においては、互いに協力して1つの消費生活センターをつくることも推奨されました。典型的な例は、新潟県の佐渡島です。佐渡島では、現在は島内の市町村はすべて合併して1つになっていますが、当時は島内に市町村が10以上ありました。そこで、すべての市町村が経費を出し合って1つの消費生活センターをつくりました。岩手県盛岡市周辺の10カ町村でも同様の事例がありました。全市町村別に消費生活センターを置くことは奨励していませんでしたし、今でも消費者庁は奨励していないと思います。消費者庁ができるときに、一部の政党がすべての市町村に消費者生活センターを置くことを主張しましたが、私はその案には反対でした。それは、いわばすべての市町村に保健所を置く、警察署を置くというのと同じだからです。保健所や警察署ですら、すべての市町村にはありません。消費生活センターも、人口3000人の村にまで置く必要はないでしょう。ただ、相談機能だけは全市町村がもち、センター機能は中核都市にあることにして、全国民の消費者相談対応をカバーできるようにできればよいのではないかと思います。

❹　国と地方自治体との関係

田口：消費者行政の形成期において、国と地方の関係はどのように考えられていたのでしょうか。

及川：1969年の地方自治法改正で、消費者行政が、地方公共団体の固有事務とされました。それに伴い、地方交付税制の中で、地方公共団体の基準財政需要額に地方消費者行政の経費が算入されることになりました。その算定のもとで、国から地方交付税交付金が交付されるようになりましたが、交付金は、地方公共団体が自由に使える一般財源ですので、多くの市町村では、消費者行政には充当されないという時代がしばらく続きました。

　地方固有事務（現在の地方自治事務）の対立概念は、機関委任事務（現在は廃止。2000年の地方自治法改正によって、地方自治事務と法定受託事務に再編さ

れた）です。機関委任事務は、本来であれば国が行うべき仕事を、地方公共団体の長が国から委任を受けて、国の法律に基づいて行うことになります。それに対して、地方固有事務は、地方公共団体が、地方議会の議決で条例をつくり、条例に基づいて仕事を進めることになります。地方消費者行政についても、条例を制定して推進することを奨励してきました。

❺ 消費者保護条例の登場

及川：消費者保護条例を初めてつくったのは、東京都東久留米市（1973年12月）だといわれていますが、実はその1年以上前の1972年8月に、神戸市が環境条例の中で消費者保護に関する規定を設けていました。神戸市が消費者の権利を確立するという新しい視点から「くらしをまもる条例」をつくり、本格的に消費者行政を実施したのは、オイルショック後の1974年です。当時、経済企画庁国民生活局の担当課長であった私のところに、神戸市の担当部長や課長がこの条例について相談にきました。条例の中に、神戸市が独自にさまざまな物資の規格基準を定めるという条項があり、神戸市としては独自に国の基準が定められていない商品についても自ら規格を定めたいということでした。これは、「横出し条例」といわれるもので、法律に規定がない内容について、条例が横に出て規定するというものです。また、法律に基準があるけれども、それよりもっと厳しい基準をつくる「上乗せ条例」というものもあり、これも神戸市としてはつくりたい、ということでした。条例制定権は憲法94条に根拠があり、地方公共団体は「法律の範囲内で条例を制定することができる」と定められています。そうすると、「法律の範囲内」、すなわち法律の許す範囲内とはどういう意味か、という議論になりますね。具体的には、国が規制していないものを条例において規制することは法律の許す範囲を超えているのか、法律が規制しているけれどもその基準より厳しくすることは許されるのか、という問題です。神戸市の条例をめぐって、随分と議論されました。

このとき、政府の役人の中で、地方公共団体による横出し条例・上乗せ条

例を支持したのは私だけだったかもしれません。条例は、首長が決めるのではなく、住民の代表である地方自治体の議会が決めるものである。そして、条例はその地域にのみ適用される。住民自らが法律よりも広い規制や厳しい規制を覚悟して条例を制定するのであれば、それはそれでよいのではないか。これが私の考えでした。まさにそれが地方自治ではないかと主張したのですが、特に産業官庁は強く反対しました。全国に流通する物資について神戸だけ独自の厳しい基準をつくったら、神戸市には製品が流通しなくなる、または、そのようものをつくったら商品のコスト・値段が高くなって、結果的に神戸市民が不利益を受ける、したがって横出し条例・上乗せ条例に反対だというのです。

しかし、条例については、国が許可を出したりするものでもないですから、市民が条例制定の結果を覚悟して定めるのであれば認めてもよいではないかということで、結局、神戸市は条例を制定することになりました。実際に住民自らが「くらしをまもる条例」によって、自らに適用される基準を決めていったことは、非常に意味があるものだったと思っています。これをきっかけに、似たような条例が各地でつくられましたし、さらに、地方公共団体が消費者訴訟について支援する基金を創設するまでになっていったのです。現在では、大気汚染や水質汚濁防止、建築基準（バリアフリー、景観保護）などの分野では、上乗せ条例・横出し条例は、一般的に制定されるようになりました。

❻　国民生活センターの創設

田口：国民生活センターが設置されたのは、どのような経緯によるのでしょうか。

及川：ここまでに述べたように、地方消費生活センターがつくられてくる中で、国として、消費生活センターや地方消費者行政を指導したり調整したりする業務が増えてきました。ところが、実際にそれを担当するのは、経済企画庁国民生活局の消費者行政課、わずか10人あまりですから、対応力が非常

第1章　消費者政策の幕開け——大規模消費者事件と消費者保護基本法の成立

国民生活センター本部（東京都港区高輪）
〔国民生活センター提供〕

に不足していました。

そこで、当時、すでにあった特殊法人国民生活研究所を改組・拡大して、地方消費生活センターの指導・調整などの役割や国の消費者行政の実施部門を受けもつ組織をつくろうという機運が出てきました。世界の先進国にも似た機関がありましたが、そのような機関には必ず、（民間団体を含めて）比較テストを含めた商品テストと消費者教育研修部門が設けられていました。そこで、原案には商品テストも消費者研修も、国民生活センターの業務として入っていました。

これに産業官庁が猛反対します。先に紹介したように、地方消費生活センターが商品テストをしていました。通産省や農水省は、所管する商品について補助金を出してテストしていましたから、経済企画庁がすべての商品を消費者の立場でテストすることへの脅威を感じたのでしょう。

今でも実情は同じですが、政府から法案を出すには、全省庁の事務次官会議で全会一致で同意され、閣議で全大臣が認めなければなりませんでした。そこで、産業官庁からの反発が強い国民生活センター法案を提出するために、商品テストは国民生活センター法案の条文に盛り込まないという覚書を課長名で書き、商品テストを除いた業務を担うものとして国民生活センター法案を作成し、国会へ提出しました。

これに対して、国会・マスコミ・消費者団体から、商品テストをやらない国民生活センターはあまりに中途半端だという議論が強く上がりました。その結果、法案自体の修正まではいきませんでしたけれども、衆議院・参議院で、政府は早急に商品テスト部門の設置などについても検討すべきだという附帯決議がされたうえで、法案は成立しました。

こうして、1970年10月に、国民生活センターが発足したのですけれども、

まだ建物はありませんでした。まずは赤坂の建物を借りて発足し、品川の駅前の国有地に、新しく6階建てビルを新築するということになったわけです。

ただ、当時の大蔵省から、品川税務署も一緒につくってほしいという話が出てきて、政府の施設である品川税務署と、特殊法人である国民生活センターの建物が合築されることになりました。合築の第1号となったわけです。

設立当初から、国民生活センターでは、消費者相談を相当数やっていました。ただ、コンピュータどころかファクシミリもありませんから、地方の消費者相談内容のとりまとめまではやっていませんでした。消費者相談を直接実施し、そこで得られた情報を発信するということが業務の中心でした。

後に、国民生活センターは非常に問題がある業者の実名を公表するということもやりましたけれども、これは当初あまり実施していませんでした。事業者名を公表することは、事業者に相当に重大な影響を与えることです。通常、法律違反をした事業者であればその事案を管轄する行政官庁が是正の勧告をし、その勧告に応じなければ公表するという法律等の規定がありますが、国民生活センター法にはそれがありませんでした。公表するようになったのは、1991年に私が理事長になってからです。事業者側からは、「どのような法的権限があって公表するのか」と言われました。私は、国民生活センターの公表は、行政監督官庁が実施している制裁としての公表ではなく、国民生活に関する重要な情報を国民に提供する義務に基づいて実施しているものだと説明しました。つまり、事業者に制裁を課しているのではなく、消費者被害を拡大させないために消費者に情報を提供する義務が国民生活センターにはあり、消費者被害の情報を知っていて伝えないというのは国民生活センターの業務の不作為にさえなりうることから、権限に基づく公表ではなく、義務として公表しているということです。そのようなことで、非常に重要な問題については、公表ルールをつくって公表するということを実施してきたのですが、いずれにしても、情報の提供ということは非常に大変な仕事でした。情報を提供するためには情報の収集が必要になり、情報の収集は消費者からのナマの消費者相談業務で収集することになります。地方の消費生活センタ

ーとネットワークを組み、情報が集まってくるようになると、年間で100万件くらいの情報になります。国民生活センターが発足して10年後には、その膨大な情報を分析して提供するという業務を実施するようになっていきました。相談情報を PIO-NET という全国のネットワークで収集するようになった経緯については、後でお話します。

❼ 国民生活センターによる商品テストと研修

田口：国民生活センターが商品テストや研修業務を行うようになったのはどのようないきさつによるのですか。

及川：国民生活センターに商品テスト施設と研修施設ができたのは、発足から10年後の1980年でした。国民生活センターが発足した当時、経済企画庁の担当課長だった私は、消費者教育の中核機関としての生活大学校を国民生活センターに付置するという構想をもっていました。生活大学校構想を議論する過程で、生活大学校だけではなくて、あわせて商品テストも当然やらなければならないだろうと考えるようになりました。先ほど述べたとおり、国民生活センターが商品テストをすることについては産業官庁が猛反対していましたが、国会では商品テスト部門の設置について検討するよう附帯決議がされています。産業官庁の反対よりも国会の決議のほうがはるかに重いと考えられました。そこで、経済企画庁は、国民生活センターにおいて商品テスト施設と研修施設を新しくつくるという予算を要求したわけです。

　これは大騒ぎになりました。中央官庁の課長の役職にある者が、いったん約束したことを反故にするわけですから。しかし、消費者団体、大方のマスコミ、さらには国会も支持してくれたことで、最終的には大蔵省も支持してくれ、予算が付きました。しかも、神奈川県の淵野辺に約4万4000m^{2}の土地を確保して、世界に冠たる大規模な施設を建設することになりました。

　淵野辺は、旧陸軍の用地で、戦争に負けた後はアメリカ軍のキャンプでした。ベトナム戦争が終わった後、返還されました。ベトナム戦争後、各地の米軍基地が返還され、その土地利用方法が国有財産管理のうえで大問題にな

っていました。これについて、1976年に、当時の国有財産審議会が、利用方法について基本方針を出しました。返還用地を3つの用途に分割し、まず、3分の1は国の用に使い、もう3分の1は地方公共団体の用に使い、残りの3分の1は将来のために留保しておくというものです。国民生活センターは、国の用に使用する内の相当な用地を使い、施設を建設することになりました。他の国の用としては、フィルムセンター、宇宙科学研究所（現在は宇宙航空研究開発機構（JAXA））などがあります。

　ただ、施設建設には、地元の反対がありました。というのは、返還用地の3分割利用の最初のケースであり、また、地元では全部を公園などとして利用したいと考えていたからです。最終的には、当時、革新知事といわれた長洲一二神奈川県知事に間に入ってもらって、地元の了解を得て施設建設にこぎつけました。

　余談ですが、「施設」と呼称するのは、支部や支所などではないという意味をもっています。支部や支所ですと、国民生活センター法を改正しなければなりませんから、改正しないで済むように、「施設」という呼称になっているわけです。

　研修施設には、全室個室の宿泊施設を設けることができました。当時はこのような研修宿泊は、相部屋・大部屋が普通でした。しかし、10年、20年後を考えると、特に女性が多く来るということを考えると、相部屋で30日も50日もいるというのはやはり問題だから、個室にすべきだということで、狭いけれども個室にすることができました。

　テスト施設については、製品の基本性能を調べるものは産業官庁も保有していました。しかし、国民生活センターのテスト施設は、消費者が実際に使用する環境で、どのような性能や性質をもっているのか、安全性に問題はないか、ということを中心にテストする必要があるという目的で、それまでにない新しい施設がつくられたわけです。

　テスト施設については、自動車テスト施設をつくるということが悲願でした。自動車テスト施設ができたのは1994年、私が理事長のときでした。自動

車の走行テストを含めたテスト施設をつくったことで、消費者が使うものの相当な商品についてテストができるようになりました。

今でも思い出しますが、自動車テスト施設の完成披露の日、私が挨拶をしているちょうどその時間に、製造物責任法成立の連絡が入ってきたのです。その場に、消費者団体、消費者問題専門の学者、技術者や商品テストの関係者が全国から大勢来ていました。皆で「PL法成立万歳」をやったことを非常にはっきりと覚えています。

このような形で施設も整い、国民生活センターの活動は活発になっていきました。

また、商品テスト誌を販売してできるだけ採算がとれるようにしようとしたのですが、残念ながら採算性だけは上手くいきませんでした。

❽　消費生活相談員の養成

田口：国民生活センターの研修業務や消費生活相談員の資格制度が始まったのは、どのような経緯によるのでしょうか。

及川：消費者相談を担当する人について、「消費生活相談員」という名前を経済企画庁国民生活局消費者行政課がつくりました。国民生活センターでも消費生活相談員、消費生活センターでも消費生活相談員と呼んでいました。消費生活相談員を養成することが消費者行政上の急務だということで、国民生活センター発足の3年後、研修施設ができる前に、消費生活相談員の養成講座が発足しました。

その前は、財団法人日本消費者協会（現在は、一般財団法人）の消費生活コンサルタント養成講座を修了した人が中心になって相談をしていました。消費生活コンサルタント養成講座は、経済企画庁国民生活局消費者行政課ができて以来、数年間は補助金を出して支援していました。しかし、国民生活センターで消費生活相談員向けの相談専門講座を行うことになったところ、大蔵省から2つの支援は難しいからどちらかにせよと言われて、結局、経済企画庁が支援するのは国民生活センターの消費生活相談員講座に一本化する

ことになったのです。

　消費者相談業務においては、消費生活コンサルタントにも協力いただいたわけですけれど、コンサルタントは生活全般についてのコンサルタント、例えば、衣類や革製品の手入れの仕方だとか、収納の仕方とか、あるいは家計簿のつけ方などのコンサルタントとして養成されてきました。この頃、私は、消費者行政課長として、ほとんど毎月のようにテレビやラジオ番組に呼ばれて出ていました。対談相手は、だいたい消費生活コンサルタントでした。消費生活コンサルタントが、その道で今後も活躍されることを期待します。

　消費生活相談員が専門知識を蓄積するに従って、しっかりとした資格制度を設けたいという議論になりました。相談員資格制度が発足したのは1991年、私が国民生活センターの理事長になった年です。

　他方、すでに消費生活アドバイザーという制度が1980年に発足していました。これは財団法人日本産業協会（現在は一般財団法人）が運営している制度でした。企業の消費者窓口で、消費者と企業をつなぐ担当者の養成を主目的として始まったものです。

　このように、消費生活相談員は行政の消費生活センターで消費者相談に従事する人、消費生活アドバイザーは企業の消費者窓口で消費者の苦情・意見を聞いて企業に伝える人、消費生活コンサルタントは暮らし一般、家計の管理であるとか、収納の仕方であるとか、洗濯の仕方などを含めた、消費生活一般のコンサルタントをする人という役割分担がありました。

　ただ、消費者行政相談のほうに魅力を感ずるのか、消費生活相談をやりたいという消費者生活コンサルタントや消費者生活アドバイザーが若干おり、その区分けに混乱が生じているのは残念なことです。それぞれの重要な役割をしっかり果たして、互いに交流を進めるということにしたらどうかと思っています。

第2章 企業と消費者――企業の目覚めと消費者団体の誕生

1　企業による消費者問題への取組みの展開

❶　日本生産性本部――財界が中心となって立ち上げ

田口：消費者行政の立ち上がり期には、消費者保護基本法の制定などをきっかけとして、消費者行政の体制が整備されていきました。行政部門による対応と並んで、企業や消費者団体などの民間部門でも消費者問題への組織的な対応がいろいろな形で進んでいったと思います。そのような企業の消費者相談窓口の設置など、民間部門の消費者対応につきまして、どのような形で整備が進んでいったかについて、具体的にお話をお聞かせください。

及川：日本の企業でも戦前から消費者の窓口を設けているところがありました。それは小売業者です。百貨店の一部で、お客さんの声を聞かなければいけないという意識をもって窓口を設けた企業がありました。ただ、メーカーを含めて大部分の企業には、消費者対応を意識する風潮はありませんでした。

　企業で消費者を明確に意識した最初の大きな団体は、財団法人日本生産性本部（現在は公益財団法人。以下、「生産性本部」といいます）であったと思います。生産性本部は、1955年に生産性向上を目的として立ち上げられました。当時はストライキが非常に盛んに行われていましたが、他方で、一部の組合では労使協調で生産性を上げようということになり、そのような組合とともに、財界が中心になり、労使協調による生産性向上ということを目指して財団法人の生産性本部を立ち上げたのです。そこでは生産性向上の成果を、経営者・労働者・消費者に公平に配分することにしていて、設立当初から消費

者を意識していました。生産性本部は、財界が中心になってつくられた団体でしたけれども、一部には労働者も入っていましたし、消費者団体の代表も入っているという団体だったわけです。

❷ 消費者教育視察団の派遣と日本消費者協会の設立

及川：1960年に近くなると、アメリカで、ラルフ・ネーダー弁護士を中心とした、いわゆるコンシューマリズムが盛んになりました。その情報をいち早くつかんだ生産性本部は、消費者問題の視察団、それも、消費者教育についての視察団をアメリカに派遣しました。生産性本部は、設立当初から消費者教育室という部署を設けていまして、この消費者教育室の事業として、消費者教育視察団を派遣したわけです。視察団は、当時主婦連の会長であった奥むめお氏が団長を務め、日本家政学会のメンバーなど女性を中心に構成され、アメリカのコンシューマー・レポートを発行しているコンシューマーズ・ユニオンその他各所を視察して帰ってきました。視察の結果は、日本でも消費者運動、すなわちコンシューマリズムが盛んになるであろうことを見越して、今のうちに賢い消費者または企業に理解のある消費者を育てる必要があるというものでした。

そこで、生産性本部の消費者教育室を母体にして、日本消費者協会が翌1961年に設立されました。日本消費者協会は、現在でこそ、消費者のための消費者団体として捉えられていますが、そもそもは財界系の団体の流れをくんでいました。ですから、初代の会長は、生産性本部会長・理事長であり、商工会議所の会頭でもあった足立正氏が務めていました。いずれにしても、消費者教育を主たる目的に日本消費者協会ができたというのが1つのトピックとしてあると思います。

❸ 経済界における消費者の位置づけ

及川：消費者教育視察団をいち早く派遣したという点では、生産性本部は斬新な考え方をもっているのですが、1970年前後の経済界は、株式会社電通の

「広告戦略十訓」がもてはやされるような風潮でした。1951年に吉田秀雄社長（当時）がつくった「鬼十則」は現代でも通用するような素晴らしい内容でしたが、広告戦略十訓はこれとは別物で、1971年に電通が提唱した広告戦略です。この「広告戦略十訓」は、消費者利益というものをほとんど考えないものです。具体的には、消費者に「もっと使わせろ」「捨てさせろ」「無駄使いさせろ」「季節を忘れさせろ」「贈り物をさせろ」「組み合わせで買わせろ」「きっかけを投じろ」「流行遅れにさせろ」「気安く買わせろ」「混乱をつくり出せ」です。そうすれば、モノは売れるということです。それが当時のマーケティングの本流でした。このような考え方に象徴されるように、大部分の企業は消費者志向など全く考えていない状況でした。

ですから、日本で消費者行政が始まった1965年頃、私が調査官や消費者行政課長を務めていた時代は、消費者対応窓口をつくるよう企業を指導していても、窓口をつくった企業は数えるほどしかありませんでしたね。例えば、東京芝浦電気株式会社（現在の株式会社東芝）、味の素株式会社、株式会社日立家電（現在の株式会社日立製作所）、株式会社資生堂などです。せいぜい10社足らずでした。あまりに少なく印象的でしたので、窓口の責任者の名前は今でも覚えているほどです。

消費者行政が始まってから、当時の通産省が中心になって消費者志向の優良企業を表彰するということまでやっていたのですが、消費者窓口を設置する企業数はあまり多くなりませんでした。

国民生活センターが、毎年、企業の消費者窓口の数を調査して、「今年は何社になった」などと結果を発表していました。消費者窓口が多くの企業で本格的に設置され始めたのは、消費者行政が始まって5～6年経った1971年頃からだと思います。1985年頃になると、大部分の上場企業で消費者窓口が設けられるようになったということで、その頃からは調査をやめました。

また、消費者窓口の設置とあわせて、それぞれの業界単位で公正競争規約などの形で自主基準を定めることについてもその頃に行われていきました。

❹　ACAPの誕生

及川：国民生活センターでも消費者向け研修とあわせて、企業向け研修を重要なものとして考え、実施していました。企業向け研修は2種類あります。1つは、消費者窓口担当者向けの研修です。これもさらに細かく2つに分かれていまして、一般の初任者向けと室長クラス向けとがありました。もう1つは、トップセミナーといって企業のトップである社長や重役を対象にした研修会です。

　担当者向けの研修では、1週間ほど泊まり込みで実施するのですが、研修を受けた人たちが、年次ごとに同窓会のような業種横断的な連絡会をつくっていました。毎年、いくつかのグループに呼ばれて、私も顔を出していました。カトレアとか花の名前をつけた会が大部分でしたね。年次が多くなり、会が多くなってくると、今度は全体として消費者問題の専門家集団をつくろうではないかということで、消費者関連専門家会議（ACAP）が結成されました。設立当初の1980年は任意団体でしたが、5年後には社団法人になりました（現在は公益社団法人）。その時、私は経済企画庁国民生活局長になっていましたが、内閣総理大臣の設立許可書は私が手渡しました。

　そのようなことで、ACAPという団体が設立されて、現在でも企業横断的に消費者問題の専門家が集まっていろいろ活動し、企業同士で相談しながら対応策を行うということが行われているわけです。

❺　日本ヒーブ協議会設立──企業窓口の女性担当者による専門家集団

及川：もう1つお話したいことがあります。企業窓口の女性担当者の会、日本ヒーブ協議会です。実はこの団体も、私は設立前から関係しておりました。日本ヒーブ協議会は、1978年に設立されました。その2～3年前に、当時、週刊『エコノミスト』の編集記者をされていた髙原須美子氏（後の経済企画庁長官）が、何人かの女性と一緒に相談に来られました。アメリカに、

第2章　企業と消費者──企業の目覚めと消費者団体の誕生

HEIB（Home Economists in Business）という消費者の声・女性の声を企業に反映させる、企業で働いている家政学士たちの会があり、日本でもそのような団体をつくりたいという相談でした。そして、アメリカ HEIB の会長が来日するので、「設立について一緒に相談に乗ってほしい。シンポジウムもやるのでそれにも出てほしい」ということでした。私は、HEIB という団体はその時初めて耳にしたのですが、シンポジウムに出ていろいろ議論し、2～3年の準備期間を経て、1978年に設立されたのが日本ヒーブ協議会です。

ところが、その後、アメリカの HEIB はなくなりました。なくなったというよりは、アメリカの大学から家政学部がなくなり、Home Economist という家政学士がいなくなったことから、HEIB も消滅したのです。

そこで、日本のヒーブはどうするかということで、私に相談がありました。日本ヒーブ協議会は、アメリカの HEIB と異なり、会員資格を家政学士に限定せず、消費者窓口で働いている若い女性たちの専門家の集まりということで設立したものでしたから、アメリカの「HEIB」はなくても、日本ヒーブは片仮名の「ヒーブ」で存続すればよいのではないかということを助言しました。日本ヒーブ協議会は、そのまま活動を続け、現在でも若手の集団として活躍しています。非常に嬉しいことだと思います。ほかの消費者団体は次第に高齢化が進んで若手をどう確保するかという問題を抱えていますが、この団体は設立当初から毎年1年ごとに代表役員や理事が交代し、若返っているため、若手が幹部として活躍しています。

そのような取組みもあり、企業の窓口も、次第に、個別の企業の窓口だけではなく、業種を越えた連携ができてきました。消費者の声を企業活動にいかに反映するか、単に、苦情に対して菓子折を持って謝って解決するのではなく、消費者の声をどのようにして生産部門に反映させ、場合によっては企業経営全体に反映させるかという体制が考えられていったように思います。

❻　経団連企業行動憲章

及川：企業の総本山は、経済団体連合会（経団連。現在の「日本経済団体連合

会」）ですが、この経団連で企業行動憲章がつくられたのは、1991年のことです。経済企画庁経済審議会の会長もされていた平岩外四（がいし）東京電力株式会社会長が経団連会長のときに企業行動憲章を定め、その後、ほぼ5年ごとに改定されて現在に至っています（最新は2010年9月14日改定）。

　経団連企業行動憲章は、企業の社会的責任という問題が議論になった社会的背景を受けてつくられました。この憲章は、企業が社会的に有用な存在でなければならないということを掲げるとともに、企業は法令遵守を超えた高い倫理観をもって社会的責任を果たしていくべきものとしています。現在、憲章の原則の1番目には、企業は、「社会的に有用で安全な商品・サービスを開発、提供し、消費者・顧客の満足と信頼を獲得する」べきことがあげられています。企業取引には、対消費者だけではなくて対企業のものもありますから、憲章では「消費者・顧客」と書かれていますが、消費者・顧客の信頼を得ることを企業行動憲章の第1に掲げているのです。

　そのようにして、経済界が全体をあげてコンプライアンス経営、消費者に有用な商品サービスを提供するという体制をつくり上げていきました。ただ、問題を起こす企業が後を絶たず、有名な企業がリコール隠しや偽装表示をして社長が交代するというような事件が相変わらず出ていましたね。

❼　企業繁栄の極意──近江商人の「三方良し」の原則

及川：消費者に信頼される企業が栄えることは、古今東西を問わず鉄則です。私は企業の方たちと話をするときに、よく近江商人の商売の原則について話をします。江戸時代の近江商人の商売の原則は、「三方良し」の原則といって、売り手よし、買い手よし、世間よし、といいました。つまり、売る人が利益を得る、買った人も満足する、そして世間、つまりは社会的責任みたいなものも満たすということです。この3つがよくて、商売が繁盛するのだということです。近江商人は、この原則で商売をして、日本各地で繁盛したわけです。

2　消費者運動の発展

❶　消費組合の誕生

田口：消費者運動のもう一方の当事者である消費者側の動き、消費者運動にも、戦後に大きな流れがありました。そのあたりのお話をお願いいたします。

及川：消費者運動が発展したのは、一般的には、戦後の1960年代、大量生産・大量消費の時代になってからであるといわれています。現代的な消費者問題に対してはその通りであると思います。ただ、資金を出し合って生活必需品を共同購入する、イギリスのロッチデール公正先駆者組合のような生活協同組合が日本でもつくられ始めたのは、実は、明治時代からです。当時は、消費組合と呼んでいました。しかし、これは生活防衛運動ではあるものの、高度工業化・大量生産・大量消費のもとで発生した現代的な意味における消費者運動ではないといえるでしょう。

❷　終戦直後の消費者運動──生活物資の確保と物価問題に対する運動

及川：戦争が終わった1945年から数年は、日本は深刻な食糧不足に陥り、しかも大変なインフレでした。戦後の衣食住が十分に確保されていない状況に加えてインフレですから、国民にとっては大問題でした。必然的に、生活に苦労している人たちが、例えば、生活維持のための運動を起こすわけです。そのように、1940年代後半は生活物資の確保と物価問題が最大の生活問題・消費者問題といってよいと思います。

　現在でも、発展途上国の中にはまだ衣食住がままならない国もありますから、第１章で述べたように、世界の消費者団体の連盟、国際消費者機構（CI）が唱える消費者の権利の１つ目には、基礎的需要が満たされる権利という内容があげられています。

❸ 消費生活協同組合（生協）の活動

及川：もともと日本には、消費組合や産業組合という形で組合がつくられていましたが、消費生活協同組合法がつくられたのは、1948年です。これはGHQ（連合国軍最高司令官総司令部）のアドバイスまたは指示でつくられたといってよいわけですけれども、これによって、本格的な消費生活協同組合（生協）が全国につくられて活発な活動を始めました。

消費生活協同組合法制定から5〜6年経った段階から、生協が非常に活発に活動するようになり、その地域の小売業者が影響を受けました。これを受けて、商工会議所が生協反対運動を起こしました。

この運動に対して、生協は規制強化に反対する大会を開いたのですが、理解者はあまり多くありませんでした。危機感をもった生協が中心になり、1956年に、主婦連やその他の消費者団体に働きかけて、全国消団連をつくりました。翌1957年には、第1回の消費者大会を開催し、消費者主権の確立を高らかに謳った消費者宣言が出されました。消費者宣言には、「消費者は労働者として資本家に搾取され、消費者として企業に搾取される」と書かれています。この宣言は、当時の参議院議員で主婦連会長でもあった奥むめお氏が起草しました。

生協は、生協規制強化の動きに対して抵抗をしつつ、全国消団連という組織を守りながら発展していきました。今では組合員数が2700万人を超えています（2014年度）。

❹ 全国地域婦人団体連絡協議会（地婦連）の結成

及川：婦人団体で最も大きな団体は、全国地域婦人団体連絡協議会（地婦連）でした。この団体は、1952年に結成されました。もともとは、戦前の国防婦人会や地域婦人会であり、戦後、それぞれの地域の婦人会として残っていた組織が、婦人の利益の向上を掲げて次第に県単位でまとまり、さらにそれが全国単位でまとまった団体です。もともとは婦人団体ですから、公明選

挙運動、売春防止運動、少し後になりますが原水爆禁止運動など、消費者問題とは異なる運動についても活動しています。初代会長は、山高しげり氏です。参議院議員も務められました。

　地婦連の構成メンバーの人数は、結成当時、600万〜700万人ともいわれていました。生協と並び、非常に大規模な団体でした。消費者運動としては、輸入した黄変米、すなわち輸入米にカビが生えて黄色くなった米を配給されることに反対する運動や化粧品運動がありました。この化粧品運動は、地婦連が化粧品を独自に開発して販売する運動です。会社を設立して、市販化粧品の10分の1の値段で同じ成分の化粧品をつくり、販売しました。この「ちふれ化粧品」はデパートなどで現在も販売していますね。

　そのような地婦連の運動の中でも特筆すべきものが、カラーテレビの買い控え運動です。これは、カラーテレビの二重価格に対する運動でした。当時、テレビの定価は非常に高く設定されていながらも、実際に販売される価格（売値）は定価に比べてとても安くされていました。これについて、特別に割り引いて売ったかのように装って消費者に販売しているのではないかと疑問が投げかけられたのです。そこで、地婦連は、そもそもの定価自体を下げることを求め、それが認められるまではテレビを買い控えるという運動を起こしました。地婦連が中心に始めたものに、当時、地婦連も含めて「消費者5団体」と呼ばれた団体がそれに連携しました。すなわち、地婦連とともに「消費者3団体」と呼ばれた主婦連、生協連、そして、市川房枝氏が中心となっていた婦人有権者同盟と、文京区消費者の会を加えた消費者5団体です。さらに、全国消団連も連携しました。

　当時、アメリカからも、日本のテレビ製造業界は、国内の高い定価ではなく、安い売値で輸出しており、国内の定価よりも安い価格で輸出するというダンピングをしているのではないかという指摘が出てきて、国際的にも議論になりましたが、松下電器産業株式会社（現在のパナソニック株式会社。以下、「松下電器」といいます）を中心に、高い定価価格の撤廃になかなか応じませんでした。途中、松下電器の社長と地婦連代表とが交渉する場も設けられま

したが、なかなか解決しませんでした。

　消費者5団体の買い控え運動は社会的に評価されて、協力者が推定2000万人とされるほどの規模の運動になりました。2000万人のうちの1割に当たる200万人くらいの人は、本来テレビを購入していたはずであり、その人たちが購入しない結果、1年も経たないうちに在庫が180万～200万台くらい増えたのです。電機業界としては大変な危機感だったはずです。

　最後には、松下電器会長である松下幸之助氏が出てきて、値下げとは言いませんでしたが、実質的には消費者の意向を聞いて値下げをする旨を表明し、実際に相当な値下げをして二重価格を解消しました。そして、翌1971年4月に地婦連が終息宣言を出しました。1年ほどの闘いでしたが、財界トップの業界・企業を相手にこれほどの成功を収めた闘いはないですね。日本の消費者運動史上で最も成功を収めたといえる運動が、地婦連を中心にして行われたことは、特筆すべきことだと思います。

❺　生活の合理化——新生活運動・生活学校

及川：敗戦後の混乱の中で、従来の因習を打破し、生活を合理化しようとする「新生活運動」が生まれました。1955年に鳩山一郎内閣総理大臣の提唱で、財団法人新生活運動協会（現在の公益財団法人あしたの日本を創る協会）が設立され、その支援により、全国各地に生活学校（50人程度の学習・活動グループ）がつくられました。現在でも、1000カ所程度で活動しています。

　また、生活の科学化ということで、主婦連の中に日用品の試験室ができて、高田ユリ氏（後の主婦連会長）という薬科大学の助教授であった研究者が消費者運動に入ってくるという出来事がありました。

❻　告発型消費者運動——日本消費者連盟創立委員会、日本ユーザーユニオンの活動

及川：そのような中で、1969年にアメリカで始まったラルフ・ネーダー弁護士のような告発運動に刺激されて、日本でも告発型の消費者団体・消費者運

第2章　企業と消費者——企業の目覚めと消費者団体の誕生

動が出てきました。まず、竹内直一氏という、農林省出身で、経済企画庁国民生活局審議官として消費者行政も担当した元官僚の方が始めました。竹内氏は、官僚時代、物価問題、具体的には牛乳の値段の問題で牛乳業界とやり合ったのですが、牛乳業界を管轄する農水省となかなかうまくいかなくて官僚を辞めました。

そこで、竹内氏は、消費者行政の経験を活かしながら、ネーダー氏のような告発型消費者運動を行おうとして、日本消費者連盟創立委員会という組織をつくって運動を始めたのです。各所から情報を収集して詳しい調査を実施したうえで、改善を企業に申し入れ、それを公表するという運動を行いました。日本消費者連盟創立委員会は、1974年に「創立委員会」という名称を削って日本消費者連盟と改称し、今も活躍しています。

他に告発型消費者運動を行った消費者団体としては、日本自動車ユーザーユニオンがあります。この団体は、男性中心で、自動車の欠陥を中心に取り上げました。

消費者教育をする・勉強することから始まった日本の消費者グループが、自ら研究・行動・参画する消費者へというように変わり始めたのは、この頃からであろうと思います。

❼　消費者団体の増加

及川：消費者行政の主要な業務に、消費者啓発と消費者の組織化というものがあります。地方で消費生活センターを中心に消費者行政が本格化するにつれて、消費生活センターでは必ず消費者啓発のための教室をつくって、そこで啓発活動を行うようになりました。講座や展示会など、要するに、消費者啓発を行うようになったわけです。現在でも、全国の消費生活センターをあわせると、年間1万回くらいの講座を開いています。受講者の数は、毎年のべ50万人くらいになってきました。

この啓発活動は、消費者のグループ・組織化に大変な効果を上げたと思います。先ほどお話しましたが、消費者5団体の中に、文京区消費者の会があ

りましたけれど、それも文京区で講座を受けたり、あるいは、モニターとして勉強した人たちが集まったわけですね。さらに、各区にできた消費者の会などと横の連携を取ろうとして、都地消連ができていきます。

このような流れは、東京だけではなくて全国でも起こり、多くの消費者グループができていったわけです。

経済企画庁では、1973年から、消費者団体の基本調査として、消費者団体の実状を調査していました。第1回の調査では、生協と生活学校を除いて、千数百団体、第2回の調査では約2000団体になり、それから10年くらい経つと約4000団体に増加しました。その多くは、地方の消費生活センターで講座を受けた方やモニター、あるいは、協力員となって勉強した方たちが、市町村またはもっと小さな単位で消費者グループをつくって活動をしているのです。そういう団体は、消費者啓発、環境問題、食品の安全、高齢者の問題など多様な問題に関心をもって活動しています。

このような、草の根的に消費者活動をするグループが飛躍的に増加したことは、消費者行政の成果として上げておいてもよいだろうと思います。ただ、それらのグループを全体的に統合する組織がなかなかないのが問題です。

それらの活動を背景に、「市民の自主的社会参加活動の促進」が国民生活審議会の検討テーマとなり、報告書（「自主的社会参加活動の意義と役割」）も出されました（1983年）。それが発展して、1998年に特定非営利活動促進法（NPO法）が制定されることになりました。

当時の報告書では、働き方は3つあるといわれました。第1の働き方は、仕事として報酬をもらうこと。第2の働き方は、ボランティアその他で無償で働くこと。そして、第3の働き方は、無償と完全有償の間で、社会貢献をして実費だけもらうという働き方です。この3つ目の働き方を中心に、特定非営利活動法人（NPO法人）という法人格をもって活動できるようにしたのがNPO法です。消費者団体の中にも、NPO法人化するところも少しずつ増えてきました。

❽ 活発化する専門家消費者集団の活動

及川：さらに、消費者運動も次第に専門化してきて、特定の問題に関する専門家グループが出てくるようになってきました。そのグループの中で、専門家、特に弁護士や学者が参加した専門家消費者集団が非常に活発な活動をするようになりました。

例えば、PL法消費者全国連絡会です。この連絡会は大変な活動をしました。製造物責任法制定へ向けた運動において、数カ月で300万人を超える署名を集めるようなことも、この連絡会が音頭をとって始めました。

消費者庁設置のときには、「消費者主役の新行政組織実現全国会議」（ユニカねっと）が設立されて、消費者庁設置に貢献しました。ユニカねっとは、ロビー活動など大変な活動をしました。ユニカねっとは、「全国消費者行政ウォッチねっと」と名称を変えて、今でも活動していますね。消費者庁・消費者委員会・国民生活センターの活動を評価することなどを行っています。今では、毎年の評価報告会に消費者庁長官、消費者委員会委員長、国民生活センター理事長も出席しています。それだけ実力をつけてきたといってよいのかもしれません。

専門家集団には、ここまでにお話したもの以外に、もう1つのグループがあります。公益社団法人全国消費生活相談員協会（以下、「全相協」といいます）や公益社団法人日本消費生活アドバイザー・コンサルタント・相談員協会（NACS）は、消費者相談を行っている専門家の集団です。それらの団体が、適格消費者団体として消費者契約法や景品表示法などの差止請求訴訟を担ったり、裁判外紛争解決手続（ADR）を担っています。

❾ 適格消費者団体の空白地帯をなくしてほしい

田口：適格消費者団体は、2014年12月に熊本にできて、合計12団体になりましたね。

及川：そうですね。消費者庁は、適格消費者団体の空白地帯がなくなるよう

にしていますね。現在、適格消費者団体の空白地帯は、東北地方と四国地方です。一方で、全国消費生活相談員協会は「全国」ですから、東北地方も四国地方もカバーしますね。全国をカバーしている適格消費者団体は全国消費生活相談員協会だけということになります。ただ、地域でも必要であると思いますから、早く空白地帯がなくなるとよいと思いますね。

3　消費者運動の課題

❶　ナショナルセンターとしての全国組織のあり方

田口：消費者行政を長年にわたりご覧になり、また、深くかかわってこられて、日本の消費者運動が抱えている課題としてはどのような点があるとお考えですか。

及川：消費者運動や消費者団体の活動が多方面で活発になってきて歓迎すべきことであると思うのですが、残念なこともあります。労働者は、政労使協議のように、政府や経団連を含めた使用者の経済団体とも、一応、対等に議論する場所をずっと持ち続けていますが、消費者グループが政府のトップである総理大臣と対等に議論したのは、オイルショックのときの1～2回しかありません。

　問題は、消費者グループが、しっかりとしたナショナルセンター（全国中央組織）を有していなかったこと、消費者全体の意向を代弁して経済・政治・行政のトップと対等に話をするという人物がいなかったことです。これらの点は、これからの消費者運動の大きな課題ではないかと思います。全国消団連会長も、最初は生協連の会長が兼ねていたのですが、生協のための全国消団連になってはいけないということで、途中から代表幹事制になっています。全国消団連がもっと幅広い結集体になり、真の意味でナショナルセンターになることができるかどうか。消費者の意向を真の意味で社会の形成に反映させるのであれば、今後、そういうことも含めて消費者運動を考えてい

かなければならない段階にあると感じています。

❷ 消費者団体の多様性と一体性

田口：消費者には多様な意見がありますが、組織化してその声を制度・政策に反映させるためには、団体として意見を結集させて一体性を強めなければいけないという要請もありますね。NPO法ができてから、消費者団体の中でも法人格を求める傾向がだいぶ強まってきたと思います。この法人格をとるためには、団体性を強めるという面も追求しなければならないですし、消費者団体のこれからの方向性、中でも消費者団体の組織性という点をどのようにご覧になっていますか。

及川：全国で数多くある消費者グループは、それぞれ設立の経緯や要求をもっていると思います。その多様な要求の根幹となるところをどのようにまとめるかが重要です。

　例えば、15年ほど前に全国消団連が全国組織として改組し、都道府県レベルの消費者団体の加入を求めた時期がありました。そのとき、全国消団連の事務局長が私に相談に来られました。私は、全国組織として、各団体と一致できるテーマを掲げることが重要であり、そのテーマとは、消費者の権利の確立であろう、そして、消費者の権利の確立を第1のテーマに掲げて、その他の多様な細かい要求については、各団体が独自に行えばよいのではないかと話しました。いったん、消費者の権利の確立というテーマで結集すると、そのための運動、すなわち、製造責任法制定の運動、消費者契約制定の運動、消費者庁設置の運動といった場合には結集するわけですよね。そういう大きな柱で結集するということを考えて、ナショナルセンターとしての役割を果たすように考えていったらどうかとアドバイスしたのです。

　労働組合でも、細かいことは各個別の団体に任せるけれども、賃上げや労働時間という重要なポイントだけは全体で一致し、政府や財界のトップとさえ交渉するわけです。そういうことも参考にしながら、消費者運動を展開していけば、消費者の意向がもっとしっかりと政策に反映されていくのではな

いかと思いますね。

❸ 組織の継続性

田口：ナショナルセンターとしての機能を果たすためには、多様な年代層を結集する必要があると思いますが、新たな会員を募っていくことも大事になってきますね。

及川：そう思います。消費者団体ではありませんけれども、例えば、日本ヒーブ協議会では、毎年、新しい会員が入り、その会員が活動します。全国で講座を行い、また、講座を実施する側、受講する側も常に若返っています。そういう人たちがどんどん運動に参加してくるような工夫もしていったらよいだろうなと思います。そういう意味で、継続性が、非常に大事だと思います。

田口：ACAPやヒーブ協議会を担って事業者側で仕事をされている方々は、わりと会員の入れ替わりがありますので、新しい方々も多いわけですね。他方、消費者志向の経営を強めるという組織としての大きな方向性を変えずに運営していくことも極めて大事です。新会員を募ることと、組織の方向性を堅持することの両面をどのように保っていくかというところが大きな課題ですね。

第3章 消費者の安全を守る——消費者安全三法の成立と危害情報システムのスタート

1 消費者行政発足以前にも規制法はあった

田口：消費者問題への政策対応については、まず何よりも消費者の安全が基本であると思います。そこで、商品の安全やそれを支える品質の確保、さらには適正な表示などについてのわが国の対応をお話いただけないでしょうか。

及川：そうですね。商品の安全あるいは品質の問題は、消費者行政が始まる前から、具体的には明治時代から、日本でも非常に重要視されていました。特に、消費者が口にし、生命・健康に影響するものについては、取り締まっていました。

食品については、1900年に「飲食物その他の物品取締に関する法律」が制定され、警察――当時は内務省管轄の警察――の取締りによって、食中毒や伝染病を予防していました。戦後になり、1947年に食品衛生法が制定され、警察ではなく、内務省から分かれた厚生省が取締りを行うようになり、現在に至っています。

薬品については、すでに1870年に売薬取締規則が制定され、警察が取り締まっていました。1943年には、薬事法という法律ができました。薬事法は1960年に全面改正され、さらに、2013年に医薬品医療機器等法に改称され（2014年11月25日施行）、現在に至っています。

農薬についても、不良農薬を規制するために、戦後すぐの1948年に農薬取締法ができました。これが改正され、後に残留農薬の規制を行うようになります。

飲料水については、1957年に水道法で水質基準を定め、飲料水を規制しました。

工業品ですと、工業製品の規格と品質について定めた工業標準化法（JIS法）が1949年にできました。農林物資の規格と品質について定めたJAS法は1950年にできています。これらの法律は、今でこそ消費者法の1つに数えられていますが、もともとは、それぞれの業界振興を担当する官庁によって、業界の健全な発展を促す目的で制定されています。それが、高度工業化時代になり、現代的な消費者問題が非常に多く発生したことから、消費者保護の観点のもとで抜本的に改正されてきたという経緯をたどっています。

田口：その大きなきっかけは、やはり消費者保護基本法だったのでしょうね。規格の適正化に関する条文が消費者保護基本法の中に入れられて、消費者行政の中に体系づけられたことが大きかったのではないでしょうか。

及川：そうですね。消費者保護基本法の制定がきっかけになって、すべての法律を見直して消費者保護という視点から改正するということが行われていったわけです。

2　カネミ油症事件や製品事故の発生──「消費者安全三法」制定

田口：1968年に消費者保護基本法が制定されて総合的な消費者行政がスタートして以降、消費者の安全を守るための法律はどのように整備されていったのでしょうか。

及川：消費者保護基本法を背景にして、いわゆる「消費者安全三法」が1973年に制定されました。これは消費者保護基本法制定の5年後です。

安全三法とは、まず1つ目が、化学物質規制法です。これは通産省の所管です。すでにお話したカネミ油症事件（第1章1❷参照）では、原因がPCBの摂取であることがわかってきたわけですが、そのPCBが川を流れて海へ出て、これを海のプランクトンが食べ、プランクトンをエビが食べ、エビを

魚が食べて PCB が魚に蓄積され、それを人が口にする、という危険性が指摘されるようになってきました。自然分解が難しい新しい化学物質がどんどん出てきて、中には人体に有害なものがあることもはっきりわかってきたわけです。そういう化学物質の製造・輸入・使用等のすべてを規制するために、化学物質規制法ができました。化学物質規制法は、大規模消費者事件（カネミ油症事件）と消費者保護基本法の両方が契機になって生まれた安全法の第１号といってよいのかもしれません。

　２つ目は、有害物質を含有する家庭用品の規制等に関する法律（有害物質規制法）です。ホルムアルデヒド、有機水銀、硫酸などの有害な化学物質が家庭用品に大量に使われていることが、主婦連の商品テストや新たな事件の発生で次第にわかってきました。技術の進歩により、多くの化学物質が、家庭用洗剤や塗料に使われたり、シワができにくい柔らかい繊維製品に使われ、さらに化学物質を使って合成した材木で家具がつくられるなどしました。化学物質が使われることで生活は便利にはなりましたが、他方で、触ってかぶれたり、皮膚障害や気管支炎になるなどの被害が多発していました。そこで、1973年に、有害物質規制法が厚生省所管でできました。

　３つ目は、消費生活用製品安全法です。もともと、電気器具やガス器具などについては個別に電気用品取締法等があったのですが、一般の消費生活用家庭用品について多くの事故が起きていました。例えば、圧力鍋が爆発してけがをする、炭酸飲料の瓶が破裂する、野球のヘルメットの性能が悪くて球が当たったら大けがした、登山ロープが切れて落下し亡くなったなどです。それらを踏まえて、生活用品の安全基準・責任賠償保険などを定めるために、消費生活用製品安全法ができました。

田口：製品の安全性を担保するうえでは、どのようなしくみがとられたのでしょうか。

及川：製品の安全性の認証には、国によるものと民間によるものと２つのルートがあります。民間によるものは、特別認可法人製品安全協会（現在は一般財団法人）が認証し、損害賠償責任も担保するというやり方です。特定の

製品については、国が直接に安全基準を定めて事前に検査をして、これに合格したものに「S」マークを付けて販売することになりました。また、欠陥による消費者被害を補償するために損害保険への加入を義務付けました。

特定製品以外の一般の製品については、製品安全協会が同様の業務を行い、これには「SG」マークを付けることにしました。「SG」というのはセーフティーグッズの意味で、製品安全協会が付けるマークです。マークが付いてるものは安全であるということで、これを機会に、「マークをよく見て買いましょう」と言われるようになりました。

いずれにしても、消費者保護基本法ができてからすぐにさまざまな法律の見直しが行われ、また、安全のために必要な法律が制定されていきました。

3 危害情報システムの開発・運用——OECD消費者政策委員会からの知見

田口：この頃、国民生活センターでは消費者の安全確保に役立てるために、危害情報システムの開発・運用が行われていましたね。

及川：製品の安全に関連して、国民生活センターで危害情報システムの運用が始まったのは、PIO-NET よりも随分早かったのです。きっかけは、OECD（経済協力開発機構）の消費者政策委員会（CCP）におけるアメリカの報告でした。私が日本政府代表として出席した1974年の消費者政策委員会で、アメリカ代表の消費者問題担当大統領特別補佐官バージニア・ナウアー女史が、アメリカで製品安全委員会をつくり、製品の危害情報について病院から情報を集めて大きな成果を上げていることを報告しました。その報告について、私をはじめ世界各国の代表が非常に感心して聞き入りました。帰国後すぐに、国民生活センターに対して、製品の危害情報について、地方の消費生活センターとの間だけでなく、救急病院をも含めたネットワークを構築して、情報が集まるようにできないか、ということをお願いしたところ、国民生活センターはすぐにそれを受け入れて、翌年から「危害情報システム」を構築

し始めました。

　ただ、危害情報は国民生活センターが扱う消費者による相談・苦情の中にはあまり多くないこと、危害・安全の問題について必ずしも職員全体が得意ではないこと、危害情報が真っ先に入ってくるのは病院であることもあり、危害情報の収集体制は必ずしも十分な成果を上げられていないように思います。

　他方、危害情報システムよりも遅れて発足した PIO-NET は、非常に発展し、今や消費者からの情報提供の基幹システムとして、政府も各業界もこれを参考に政策・対策をとるようになっています。

田口：PIO-NET の情報は、多くが悪質商法をはじめとする消費者の取引に関連する情報ですね。そのような消費者取引に関連する消費者被害の実態を把握するためには、今日では欠かすことができないシステムになったわけですけれども、消費生活相談の情報システムが危害・安全の分野からスタートしたというのは非常に興味深いですね。

及川：はい。PIO-NET は、結局、消費生活センターで受け付けた情報を集めるためにできたものですから、危害情報はあまりないのです。消費者がけがをすると、消費生活センターではなく、病院や保健所に行きますから、結局、PIO-NET で集積される情報は、ほとんど消費者取引関係の情報になっていったのです。しかし、危害情報システムについても、全体のネットワークシステムの中で、並行して発展していくことが必要ではないかと思っています。

4　カナダの「ボックス999」──苦情を把握するための知恵

田口：現在、日本の消費者行政の運用において不可欠な PIO-NET というシステムなどが、OECD の消費者政策委員会における報告が契機となっていたことは、私も初めてお聞きしました。消費者問題は世界的に共通性が非常に高いことから、先進諸国の動向を踏まえて各国のさまざまな制度を取り入

れることが可能であり、そのため、国際連携が非常に重要といわれています。日本における国際連携の第一歩が、このOECDの消費者政策委員会の報告であったといえるのではないでしょうか。

及川：そう思います。ケネディ大統領の「消費者の利益保護に関する特別教書」もありましたが、具体的に制度として活かされたのは、OECDの消費者政策委員会の報告が第一歩であったと思っています。

　この委員会の席で、カナダ代表から「ボックス999（スリーナイン）」という制度を実施しているという報告もありました。ボックス999とは、カナダ中どこからでも、私書箱999を宛先として郵便を出すと、それが中央政府の消費者局に届いて消費者の苦情が全部把握できるという制度です。実は、その実現も考えていたのですが、一緒に委員会に出席していた通産省の課長が、帰国後すぐに、「東京私書箱1号」を使って通産省の消費者相談室へ郵送される制度をつくりました。通産省で消費者相談室を設けて消費者相談が本格的に始まったというのも、OECDの消費者政策委員会を契機にしています。そういう意味でも国際連携のよい機会・場所になったと思います。

田口：そういえば、国民生活センターの相談電話の番号が「0999」でしたけれど、これはカナダのボックス999と関係があるのでしょうか。

及川：関係あります。後ほどお話しますが、オイルショックのときに官邸に殺到した電話をすべて引き受けるというときに、「999」という3桁の電話を要求しましたが、当時の日本電信電話公社（以下、「電電公社」といいます）の総裁が「3桁はできないが、局番つきの『0999』なら全都道府県で確保できる」ということでしたので、「0999」に決めたのです。カナダのボックス999が頭にあったものですから、999は消費者保護の共通番号としてよいかなと思って、0999で決定したわけです。

第3章　消費者の安全を守る──消費者安全三法の成立と危害情報システムのスタート

5　日米の危害情報に対する姿勢の違い──すぐに詳細な情報を発信するアメリカ

田口：各方面から集まってきた危害や取引に関する情報をどう使うかという点では、当時議論になったことはありますか。

及川：先ほどのアメリカ代表の報告でもう1つ非常に興味をひかれたことがありました。それは、危害情報を秘密にすることは全くないという報告です。報告によれば、危害情報について消費者から集め、集まった情報をすぐに発表するというのです。製品による危険な事故を防止するために情報を集めるのだから、情報があればすぐに公表するべきだという考え方です。例えば、安全の問題については、小学校の校庭遊具の基準のような細かいことまですぐに発表しており、最近では、ホームページを見ると非常に詳しく掲載されています。これに対して、日本では、すぐに公表できないということがありました。その点、行政の手法として少し遅れているのではないかと思います。製造物責任法（PL法）においても、同じ意味で遅れているのですが、そういう観点を、OECDのCCPなどで気づき、学んでくることは、非常によい機会だったと思います。

田口：消費者庁発足時に制定された消費者安全法では、消費者の重大事故の情報をつかんだらできるだけ速やかに公表するというしくみが導入されました（同法12条・13条）。ただ、速やかに公表して注意喚起をしなければいけない一方で、実務上は、不用意な公表によって誤った風評被害につなげないようにということで、公表するにあたってある程度調査しなければならないという面もあるようですが、やはり基本原則としては、危害情報はできる限り速やかに公表するべきということでしょうね。

及川：はい。ただ、アメリカの場合には、安全委員会が大統領の直属機関になっていることから、それぞれの関係省庁と協議する必要はほとんどないということもあるかもしれませんね。

6　自動車の安全性をめぐる運動

田口：先ほどの消費者安全三法の関係で、化学物質、家庭用品、その他消費生活用製品ということで、3つの法律についてお話をうかがいましたけれど、消費者の安全という点では自動車が非常に大きな分野だと思います。アメリカでは自動車の安全性が消費者問題あるいは消費者運動の大きなテーマであったと思うのですが、日本では自動車について、消費者行政の面でどのような対応がなされたのでしょうか。

及川：当時から、自動車は、生産については通産省（現在は経産省）が所管していますが、安全性の問題については運輸省（現在の国交省）の所管となっています。リコールについても運輸省が担当していたわけですけれども、消費者の視点から安全対策やリコールが実施されていたとは、あまり思えません。自動車については、社会的に有名なリコール隠しの事件（三菱自動車リコール隠し事件（2000年）。社長が引責辞任）なども起きました。自動車事故・自動車の安全性については、法律・行政による規制の問題というよりは、むしろ自動車会社の業務執行の体制、あるいは会社自身のトップの考え方に、問題があったように思います。

　そこで、経済企画庁や国民生活センターも自動車の安全問題にもっと積極的にかかわるべきであるということで、国民生活センターに自動車の安全・走行テストを含めた自動車テスト室が設けられました。自動車についての安全の問題は、非常に重要な分野でした。

田口：アメリカでは、弁護士のラルフ・ネーダー氏が自動車を中心に消費者運動をしましたね。

及川：自動車の危険性をテーマにした、『どんなスピードでも自動車は危険だ』という書籍を出版して大反響を巻き起こしました。自動車はスピードを抑えたからといって安全ではないという告発型消費者運動を始めたのです。

　日本でも、自動車ユーザーユニオンという告発型消費者団体が自動車の問

題に取り組んでいました。

　自動車とは直接関係しませんが、告発型消費者団体としては、日本消費者連盟創立委員会（現在の特定非営利活動法人日本消費者連盟）もありました。

　これらの団体は、政府に対して非常に攻撃的な運動を展開しましたが、私が経済企画庁国民生活局消費者行政課長であった時代に消費者団体と懇談会を実施した際に、自動車ユーザーユニオンや日本消費者連盟にも案内状を出したところ、毎回参加されて非常に協力的でした。消費者行政は、さまざまな人の意見を聞いて、問題を発見しながらやらなければならないなと思いました。

第4章 オイルショックと物不足騒ぎ——PIO-NET開始の契機

1　オイルショック・物不足騒ぎとは何か

❶　物不足騒ぎの背景

田口：消費者行政が本格的に動き出して間もなくの1973年に、第一次オイルショックと物不足騒ぎが起こりました。及川さんはいきなりその渦中に身を置かれることになったと聞いていますが、その背景なども含めてお話いただけますでしょうか。

及川：オイルショックと物不足騒ぎについては、いろいろ話したいことがあるのですけれども、消費者行政に関連するものに限定して、私が経験したこと等をお話したいと思います。

　消費者問題や消費者行政の問題で、総理官邸を巻き込んだ大きな判断を求められたり、全国で騒動になったりしたものは、このオイルショックのときの物不足騒ぎをおいてほかにないのではないかと思います。

　オイルショックの前年、1972年に田中角栄氏が内閣総理大臣になりました。田中氏は総理大臣になる直前、通産大臣のときに「日本列島改造論」を発表しました。総理大臣には7月になりましたが、「日本列島改造論」が発表されたのが6月ですから、総理大臣立候補時の公約のようなものです。「日本列島改造論」は、田中氏が会長を務めた自民党の都市政策調査会が1968年に策定した「都市政策大綱」が背景になっています。この大綱の内容は、均衡ある日本国土開発を実現するための政策論です。そして、田中氏が総理大臣になって列島改造を始めます。「日本列島改造論」発表の翌月には、列島改

第 4 章　オイルショックと物不足騒ぎ—— PIO-NET 開始の契機

造懇談会が設置され、日本中が列島改造ブームに湧きました。そうすると、当然のことながら、日本中の地価と物価が上昇します。この地価と物価の上昇を背景に、物を持っていれば儲かると考えた企業による買占め・売惜しみという状況も起きました。そのため、翌1973年7月に、買占め・売惜しみ緊急措置法が制定されました。買占め・売惜しみに対する緊急措置は、物不足騒ぎの前に行われているのです。

　企業による買占め・売惜しみ、そして物価の上昇があったことから、同年8月には、急激な物価の上昇に対処するため、経済企画庁国民生活局から物価政策課が分かれて物価局ができました。物価上昇問題（インフレ問題）が列島改造とあわせて大変な問題になってきた時期でした。

　同年10月には、いわゆる第四次中東戦争が勃発しました。これは、イスラエルとアラブ諸国との戦争です。石油の産油国であるアラブ諸国は、原油の供給量の削減と価格の大幅な引き上げを行います。日本は原油の大部分を中東に依存していたので、世界中で最も打撃を受けた国の1つでした。これによって、いわゆる第一次オイルショックが起きたのです。

田口：当時、よく、原油価格が4倍になったといわれましたね。

及川：はい。今からすればそれでも安いのですが、1バレルあたり3ドルであったのが、1バレルあたり12ドルまで上がりました。つまり、原油を燃料とするエネルギーの価格が4倍になるということですから、これは大変なことでした。それを受けて、政府においても、資源とエネルギーの節約であるとか、紙をつくるにはエネルギーと水をたくさん使用することから、紙の使用合理化についての国民運動を政府主導で始めるなどというようなことを、オイルショック直後から行いました。

❷　そして、物不足騒ぎが始まった

及川：10月のある日、突然トイレットペーパーがなくなるという事件が起きました。その時の状況は、今でもはっきりと覚えています。私は当時、国民生活局消費者行政課長の職にあり、庁内のある研究会の会議に出席していま

した。そこへ、緊急の電話が入ったという呼び出しがありました。「何だろう」と思って電話に出てみると、日本生協連の中林貞男会長からの電話でした。「何事ですか」と聞くと、「灘・神戸の生協の店でおかしなことが起きています。トイレットペーパーを買い求める客が殺到し、棚からすっかりトイレットペーパーがなくなりました。在庫もすべて売り切れました。他の店でも同様なことが起きています」と言うのです。まだ新聞やテレビにも報道されていませんでした。政府の役人で聞いたのは多分、私が最初だったのだろうと思います。会議はすぐに終わらせ、原因を調べたけれどもよくわかりませんでした。翌日になって、大阪を中心に、テレビや新聞がこの買占め騒動を報道し始めました。

　局地的な騒ぎではないか、と思っていると、その報道を見た消費者によって、トイレットペーパーの買占め騒ぎが神戸・大阪から関西全般に広がり、それが次第に東京にも広がっていき、日本中でトイレットペーパー不足になりました。ある消費者は、２年分のトイレットペーパーをタンスいっぱいに買ったなどという報道もありました。このようにして、日本中でトイレットペーパー不足の騒ぎが起きたのです。

　トイレットペーパー不足の騒ぎから１カ月くらい経つと、洗剤も石油を原料にしてできているということで、買占めの対象が洗剤に移っていきました。その次は、灯油、LPガス、さらには砂糖や塩にまで移っていきました。塩はさすがに専売用品でしたから一時的でしたが、白い物ということで共通しているからなのか、白物家電の洗濯機まで売れました（笑）。いずれにしても、日本中で大変な騒ぎでした。

❸　総理官邸に集中した日本全国からの苦情電話

及川：インフレの原因が田中総理大臣の政策にあるということもあったのでしょうか。消費者からの苦情の電話が総理官邸に殺到しました。総理官邸始まって以来の出来事で、総理官邸の機能が麻痺する事態になりました。二階堂進官房長官に、私と経済企画庁国民生活局長が呼び出され、「消費者から

の苦情の電話が殺到して官邸の電話が機能しなくなった。消費者からの苦情を受けるために消費者行政があるのではないか。経済企画庁国民生活局で電話を全部引き受けてもらいたい」という強い要請を受けました。確かに、消費者からの苦情電話ですし、そのために消費者行政はあるのですから、引き受けてもよいとは思ったのですが、国民生活局の消費者行政課は10人あまりしか職員がいませんでした。当然、全員動員しても、何千・何万もの全国からの電話を受けることはできません。私は、二階堂官房長官に注文を3つ出しました。

　1つ目は、999の3桁の消費者相談電話の番号を設定してもらうこと、2つ目は、当時は珍しかったファクシミリ（FAX）網を全国の消費生活センターとつなぐこと、3つ目は、物不足の情報を閣議前日の夜に消費者行政課にも提供してもらうことです。

　1つ目の3桁の電話番号については、地方の消費生活センターの職員も動員してその電話相談を受け付けるためのものです。3桁の統一電話にかければ、近くの消費生活センターに電話がかかるようにすることで架電を分散できます。そのために999の3桁電話番号が欲しかったのです。

　2つ目のFAXの全国網については、情報を速やかに全国の消費生活センターに伝達するためです。その頃、物不足についての情報――洗剤は十分に在庫がある、塩は専売だから買い占められず大丈夫であるなど――は、ほぼ毎日政府が発表していました。かかってくる電話の内容は、その発表についての苦情や、報道以上に詳しく知りたいというものが多かったので、政府が発表する文書が、電話を受ける消費生活センターに届いていなければ対応できません。ですから、電話を受ける全国の消費生活センターに最新の情報を届けるために、当時は珍しかったFAXを全国の消費生活センターに設置してもらうことを要請したのです。

　3つ目の物不足の情報を閣議前日の夜に提供してもらうことについては、物不足の情報が報道される前に消費生活センターに伝えるために必要だったものです。

この3つを二階堂官房長官にお願いしました。

二階堂官房長官は、1つ目の3桁の電話番号に関すること以外の2つについては、即時に「わかった。予備費や官邸の予算を使って全部対応する」と言われました。それを受けて、12月中にFAXを整備することになりました。電話番号については、私の前で電電公社の総裁に直接電話をかけ、「999の3桁の電話番号をすぐに設定してくれないか」と言われました。そして翌日、全国共通の3桁の電話番号を設定するには大変な予算が必要であり、とてもできないが、全都道府県の局番付けの「0999」という番号は確保できる、それは消費者行政相談用に全部使えるという返事が来たのです。

少し話がずれますが、0999はこのとき以降、使われ続けてきたのですが、約40年の年月を経て、2015年にようやく3桁化が実現しました。新しい番号は、「188」です。私は、999にしたらよいのではないかという意見を述べていたのですけれども、3桁の番号は1で始まるのが原則であるという日本電信電話株式会社（NTT）の意向もあり、1で始まる数字で一番よい番号ということで188に決定したようです。

❹　つながった！　全国とのFAX網

及川：当時はFAXで用紙を1枚送るのに3分以上かかるような時代でしたから、とにかく性能がよい製品を探しました。そうしたところ、富士ゼロックス株式会社（以下、「ゼロックス社」といいます）のFAXが最も性能がよいということになりました。そこで、全都道府県・政令指定市および国民生活センターに配備することを予定して、ゼロックス社に「1週間以内に60台を設置してもらいたい」と言ったところ、ゼロックス社は「わかりました。ただ、現在、国内には60台もなく、数台しかありません。船で輸入しますから3カ月待ってください」と言うのです。そんなに待ってはいられないということで、その次に性能がよかったナショナル（現在のパナソニック株式会社）製品になりました。ナショナルであれば、60台用意できることに加えて、全都道府県に支店や店舗があるので、補修・維持管理も安心でした。こうして、

ナショナル製のFAXを購入することに決定し、年明け早々には、全都道府県の消費生活センターとのFAX網ができたのです。

田口：そのFAX網では、具体的にどのような方法で送られていたのですか。

及川：物不足についての情報は、閣議の前日に集められ、翌日の閣議を経て発表されます。時には50〜60枚にもなるその資料を、官邸から国民生活局消費者行政課が受け取ります。そして、その資料を、全国の消費生活センターに送るしくみでした。ところが、1枚送るのに3分程度かかるので、50〜60枚も送っていては何時間あっても送れません。そこで、まず、消費者行政課が国民生活センターに送り、国民生活センターに数台のFAXを設置して、各地方の中核県に送る。次に、FAXを受けた都道府県は、各地方内の都道府県2カ所くらいにFAXし、さらにFAXを受けた都道府県がまた2カ所くらいにFAXをする、といういわゆる「ツリー方式」をとりました。都道府県の協力もあり、官邸の情報は、このようにして発表前夜に全国の消費生活センターに届けることができたのです。

❺　国民生活センターの判断

及川：ところが、物不足情報について、国民生活センターから全国の消費生活センターにFAXを流してもらうしくみをつくろうとしたときに問題が起こりました。国民生活センターの当時の理事長から、「物不足は消費者問題ではないですから、私たちは協力できません」という回答が来たのです。普通であれば、説得してやってもらおうとするのですが、そのようなことができるほど時間に余裕がありません。「やりたくないなら、いいです。消費者行政課で全部やります」と言いました。すぐに、消費者行政課にFAXを5台取り付けて、送れるように準備しました。

　そうしたところ、FAXを送る直前になって、国民生活センターの理事長が私のところに来て、「申し訳なかった。ぜひ参加させてほしい」と言ってきました。「そういうことなら、お願いします」ということで、FAXを各地方に送るのは、国民生活センターにお願いしました。

なぜ突然国民生活センターが考え方を変えたのかというと、消費者問題の範囲の捉え方によるところが大きかったのです。当時、「物を買う際のトラブルや買った製品の欠陥は消費者問題であるが、買う物がないというのは消費者問題ではない」という考え方の専門家もいました。当時の国民生活センターの理事長は、当初、そのような理由で物不足情報のFAXの送信依頼を断ったわけです。しかし、消費者行政課が直接FAXを送信してしまったら、経済企画庁や地方の消費生活センターは物不足の情報を知っているのに、国民生活センターだけが知らないという状況になってしまいます。国民生活センターは、国民生活に関する情報を提供する情報センターのはずであり、そのようなことになれば存在意義そのものが問われかねません。物不足情報のFAX送信について協力の申し出がなければ、国民生活センターの廃止が議論されるくらいの大事件になったのではないかと思います。

❻ FAX導入の効果

及川：ところで、一部の県では、FAX機器を、消費者生活センターではなく、県知事室に設置したようです。何しろ、県では初めてのFAXですから、それほど便利なものは知事室に置くべきだと考えたようです。中には、県知事がFAX受信第1号をテレビで発表したいということで、本物の閣議情報のFAXが届く前に、知事が「開設おめでとう」というFAXを受け取る姿を報道してほしいという県もあったほど、FAXの導入は話題になりました。消費者に安心してもらうための制度のPRとしては、非常に有効に機能したと思います。

また、このFAXによって、地方の物不足に関する重要な情報についても直接情報を送ってもらえるようになりました。地方の消費生活センターから経済企画庁の消費者行政課に、直接、情報を送れるようになったのです。消費者行政課では、受付専用のFAXを置いて、24時間いつでも情報を受け入れる体制を整えました。

田口：そういう双方向の情報ネットワークの整備は、当時のパニック感を沈

第4章　オイルショックと物不足騒ぎ——PIO-NET開始の契機

静化させるのにも、すごく効果があったのではないでしょうか。

及川：非常に効果があったと思います。FAX網の整備によって、地方の相談員が、閣議と同じレベルの情報について、新聞が出る前に知ることができます。新聞には物不足の情報の要旨しか出ませんが、消費生活センターではそれ以上に詳細な情報を説明できることも、パニック沈静化に効果が大きかったでしょうね。また、経済企画庁に地方の最新の情報を送れることも、沈静化に役立ったと思います。

❼　粉ミルクがなくなった！

及川：物不足をめぐる対応で、とても緊迫した事態がありました。1974年の年初に、中国地方のある県から乳児用の粉ミルクがなくなったという情報が入ってきました。第一報を聞いたときには、この県だけの問題かな、と考え、農林省に連絡してその県への特配を依頼しました。しかし、その数日後に、関西の他の県からも粉ミルクがなくなった、中部地方のある県からもなくなったという情報が入り、その4〜5日後には千葉県からも情報が入ってきたのです。これは全国的に波及する可能性がある、絶対に公表してはいけないな、と直感的に感じ、ごく一部の人を除き、極秘扱いにしました。

　私は、この判断は今でも正しいと思っています。といいますのも、トイレットペーパーがなくなっても新聞紙や他の紙もあるわけですから、生命への影響はほとんどないと思います。洗剤がなくても石けんがある。しかし、乳児用粉ミルクについて物不足の情報が少しでも風評で広まれば、赤ん坊を育てているお母さんは買い置きしますよね。赤ん坊の命にかかわりますから。一部の人の買い置きによって乳児用粉ミルクを買えない人が出てきたら、それは赤ん坊の命や健康にかかわる大変な問題になると思ったわけです。

　そこで、関係者の意見も全員一致させたうえで、この情報は公表しないまま緊急対応策をとりました。農林省に、とにかく粉ミルクについて極秘のもとでメーカーに大増産させてほしい、そして、不足している地域に配送して、現物を山積みにしてほしいとお願いしました。ただ、当時は石油が不足

しており、粉ミルクを配送するトラックもガソリンがなくてなかなか動けない。そこで、運輸省にも頼んでトラックやガソリンの特配を頼んで対応し、やっとのことで粉ミルクが不足している地域の店に粉ミルクを山積みすることができたのです。

　そのようなことを2カ月くらいやりましたかね。実は、1973年の暮れに生活安定二法——石油需給適正化法と国民生活安定緊急措置法——が、臨時国会で成立しています。万が一の事態になったときには、それらの法律に基づいて、粉ミルクについての価格統制・配給制度を実施して赤ん坊の命と健康を守る準備までしていました。具体的には、配給制になった場合には粉ミルクは母子手帳をもとに配給すること。配給切符の印刷についても、印刷屋から情報が漏れたら大変なことになるので、刑務所に印刷にしてもらうこと。配給制を導入する法律は即日施行とすること。そうでなければ、施行までの間に2～3日で買い占められますからね。配給切符の配布場所も問題になりました。初めは、乳児の健康の問題を管轄する厚生省所管の保健所で配布しようかと考えたのですが、全国に保健所は800カ所ぐらいしかなかったのです。多いと思われるかもしれませんが、市町村が3000ある時代の800カ所ですから、とても保健所では対応できないと思われました。市町村にお願いしようかとも思いましたが、やはり情報が漏れるおそれがあります。そこで、政府直轄で全国隅々まで多数設置されている公共機関は何かと考えたら、郵便局だったのです。当時はまだ政府直轄でしたからね。当時、郵便局は、保健所の30倍近くの2万カ所くらいありました。

　このように、いざとなったら粉ミルクの配給切符を郵便局で配るという準備まで進めながら、粉ミルクの増産・増配を実施していたのです。3カ月目くらいに事態は収束してきて、4～5カ月経ったら、すべての物不足騒ぎ自体が収束しました。いろいろとありましたが、非常に緊張した出来事でした。

2 オイルショック・物不足騒ぎをきっかけとした PIO-NET 体制

❶ PIO-NET のルーツ

及川：物不足騒ぎが沈静化した後は、このときに構築された FAX 網を使って、相談情報が国民生活センターに集められるようになりました。先ほどお話しましたが、その前に危害情報をコンピュータで集めようとしたのですが、なかなか上手くいきませんでした。

　この FAX 網は、当時の政府機関でもほとんどありませんでした。後から聞いたところでは、わずかに防衛庁と警察がもっていただけのようです。民間では新聞社くらいでした。ですから、全国の都道府県に FAX 網を構築したのは、消費者行政が初めてだったでしょう。いずれにしても、物不足の事件をきっかけに、全国に FAX 網ができ、相談情報が国民生活センターに寄せられ、それがコンピュータに代わり、全国消費生活情報ネットワーク・システム（PIO-NET）になっていったわけです。そのような形で、生活相談情報については、危害情報よりも発展する契機を経て、PIO-NET 体制に移っていったのです。

田口：PIO-NET のルーツは、物不足騒ぎだったのですね。

及川：共通電話も PIO-NET も物不足騒ぎがきっかけです。物不足騒ぎで問題になった「消費者問題の範囲」というテーマについては、もう一度、豊田商事事件のときにお話します。

❷ FAX からコンピュータへ

及川：FAX 網の整備は全国一斉に行われましたが、PIO-NET のネットワークをコンピュータでつないだのは、全国一斉ではありませんでした。個別に都道府県と協議して、「無償でコンピュータを提供するから、こういうや

り方で情報を入れてほしい」、「キーワードをつくってこのように入力してほしい」と交渉しました。協議が成立した都道府県から順次コンピュータに切り替えるということです。そして数年かかって、全国レベルに広がっていきました。

　背景として、補助金の事情があります。あるとき、消費生活センターの運営費補助金が廃止されることになりました。それと同時に、消費生活センターへ生活情報体制整備等交付金が新しく出されることになったのです。生活情報体制整備等交付金とは、要するに、PIO-NETの維持・管理は国の仕事であるという意味での、PIO-NETに対する交付金です。このようにして、PIO-NETが、全国的に発展していくことになります。

田口：相談業務自体は地方の仕事だけれども、その相談業務により得られた情報を収集・分析してフィードバックするための体制を整備するのは国の仕事だと、そういう考え方ですね。

❸　統計の把握率

及川：10年くらい前から、PIO-NET統計だけを相談統計といっていますが、PIO-NETの整備の歴史を知っている私からみると、少し不思議な感じがします。PIO-NET統計は、端末の普及率によって大きく左右されます。情報収集する端末が2倍になれば、単純計算で相談件数が2倍になります。PIO-NET発足当時は、全相談件数の4～5％程度しかPIO-NETで把握できていませんでした。それが10％、20％と急速に普及していきましたが、当時は、相談統計をPIO-NET統計とは別のものとして扱っていました。今でも、多分、全相談件数のうちのPIO-NET把握率は80％くらいではないでしょうか。重要な相談だけをPIO-NETに登録するところもあるでしょうし、PIO-NETがまだ配置されてない地域もありますので、全相談件数に対するPIO-NETのカバー率に留意して、統計を把握しないといけないと思います。

❹ PIO-NETで消費者は武器を手に入れた

及川：PIO-NETでは、現在、年間90万〜100万件くらい相談情報が集まっているようですね。1984年度から2014年度までに集積されている相談件数は2000万件近くにもなるといわれていますが、このように大量に蓄積された情報は、消費者行政にとって、今、最大の武器となってます。消費者が情報の受け手であり弱い存在だということには変わりがありませんけれども、このような情報を消費者相談という中から集約することによって、消費者が発信することができるようになったのですよね。

例えば、企業への苦情相談でも、「たまたま、あなただけに起きた問題です」と相談窓口担当者から言われたとしても、同じ問題が日本中で起きているというPIO-NETの情報を示すことで、企業の対応ががらりと変わるとか、あるいは政策についても、PIO-NETから新しい消費者問題を見つけ出し、立法を含めた消費者政策を打ち出す重要な材料になるわけです。

このように、今、PIO-NETは、消費者から情報を発信するための重要な武器になっています。国民生活センターも消費者庁も、もっと大事に活用してもらいたいと思いますね。

他方、危害情報についての集約機能が必ずしも十分に発展していないことは、非常に残念なことです。取引関係の情報は大事ですけれど、危害情報も大切な情報ですから、消費者庁や国民生活センターは、その情報をしっかりと把握・分析・公表していただきたいと思います。

❺ 消費者行政と情報について考える

田口：消費者行政の成り立ちや物不足騒ぎへの対応などのお話をうかがうと、消費者問題の基本が情報であるということがよくわかりますね。消費者と事業者の間の格差、特に情報面の格差が消費者問題の根幹にあるわけですから、消費者行政の運営も情報面の格差を埋めるところに重点を置くことで、消費者行政の大きな効果につながっていくものと思います。消費者行政には、規

制行政と支援行政の2つがありますが、支援行政の根幹はやはり情報であり、消費者が欲する情報を効果的に提供することで初めて効果が出てくるものと思います。この物不足騒ぎへの対応をお聞きすると本当にそういう点が実感として感じられますね。

及川：そうですね。

田口：製品安全の面も、危害情報の集約機能をさらに高めていくことが、今日でも大きな課題ですね。

及川：消費者行政における中心的な課題の1つだと思います。消費者安全法ができたことで、危害情報が、公式に、各省庁や事業者から集まるしくみができたわけです。ただ、それをどう収集し、どう分析していくかという点がまだ十分ではないように思われます。また、危害情報の公表について少し消極的な姿勢が見えますから、もっと大胆に公表していくことを考えてもよいのではないかと思っています。

3　物不足騒ぎからの教訓

❶　正しい情報と正しい行動

田口：この物不足騒動の現場を指揮された経験を振り返って、私たちが心に刻み込んでおくべき教訓があるとすれば何でしょうか。

及川：まず、さっき田口教授も指摘されたように、消費者にとって情報、特に正しい情報がいかに大事かということです。逆に、誤った情報が流れてしまうと、消費者は誤った行動をしかねません。例えば、石油業界の一部では、オイルショックを千載一遇のチャンスとして儲けようとする企業もありました。他にも買占め・売惜しみをする企業もありましたが、大部分の企業はそのようなことをしなかった。結果的にみると、トイレットペーパーや洗剤にしても、在庫は通常の使用に必要な量は十分にありました。結局、「物がなくなる」という誤った情報によって騒動が起きたのです。

正しい情報をいかに消費者に伝え、いかに正しい行動をしてもらうかという点が、消費者行政において情報の取扱いを考えるうえで、大事なポイントだと思います。

　それから、消費者問題というものは、状況変化に伴って新しい課題が出てきます。一般に、それまで消費者問題として経験したことがないことについては、消費者問題ではないと捉えられがちです。しかし状況や社会環境が変われば新しい問題が当然出てくるのであって、消費者行政は、新しい問題に対して積極的に取り組んでいかなければならないという教訓も、このときに得ました。

❷　ネットワークの重要性

田口：今にして考えると、物不足騒ぎの最初の段階、トイレットペーパーがなくなったという状況に直面したときに、国だけで消費者からの苦情電話に対応するという発想ではなく、FAXという新しい情報網を組んで、地方公共団体、消費者団体あるいは消費者も含めて全体で連携しながら対処したという点が非常に大事だったように思います。このときの対応方針が、以後の消費者行政の方向性を大きく決めていったように思いますね。

及川：はい。消費者問題に対しては、個別に特定の人や部署が取り組むのではなく、ネットワークを構築して取り組む必要があることも学びましたね。具体的には、全国の消費生活センターを含めたネットワークを基盤にしながら、企業あるいは消費者を含めたトータルとしてのネットワークで連携して取り組んでいくということが大事だということを、私は物不足騒ぎを通して学びました。

田口：国だけでなく地方も含めて全体としてネットワークを組んで消費者行政の体制を構築するというのは、わが国の大きな特徴でもあるのですか。

及川：韓国では、わが国の国民生活センターをモデルとして、1987年に消費者保護院という大きな組織をつくったのですが、他方で地方の消費者行政が衰退してしまいました。消費者保護院の情報提供だけでは、韓国のすみずみ

にまで消費者が必要とする情報は行き渡っていないようです。

　他方、物不足騒ぎの当時、日本では中央官庁の消費者行政課の人員はたった10人前後でしたが、地方には100カ所近い消費生活センターがありました。そして、最初は都道府県レベルだけで消費生活センターを設置していたものが、次第に市町村レベルでも設置するようになり、今では全国に700カ所を超える数の消費生活センターが置かれるようになりました。そういうふうに地方の体制が整備されてきたということは非常に喜ばしいことだと思います。

　ただ、地方と国のこのような体制が整備されていく過程では、非常に多くの問題がありました。地方の知事・市町村長などの首長と消費者行政を議論すると、多くの首長は、「消費者問題は、主に企業と消費者の取引から生じた私的トラブルでしょう。私的なトラブルに行政が関与するのはおかしいですよ。行政は民事不介入ではないのですか。ですから、うちは消費者行政には力を入れません」と言っていました。古くから地方行政に携わってきた人たちの多くは、このような考えでした。

　これに対して、私は、「事業者と消費者が対等であれば、行政は中立でいいでしょう。しかし、事業者は消費者よりはるかに強くなっており、消費者は情報力でも交渉力でも事業者より弱くなっています。ですからこんなにも被害が出ているのです。にもかかわらず、行政の中立性を理由に全く何もしないことは、強者を支援するのと同じことです。消費者行政は、いうなれば事業者と消費者の力関係を対等にする行政であり、社会的公正を実現するための行政です。新しい仕事ではありますが、ぜひやってください」という説得を繰り返し続けた記憶があります。

　次第に多くの消費者も同じような要望を首長に伝えたことで、消費者行政が進んでいきました。当時、地方の消費者団体は、国に対しては「地方の消費者行政を充実させよ」と強く言うのですが、団体所在地の首長には要望を上げないということが多くありました。そういう方が陳情されたときは、「陳情してもらわなくとも、こっちはやりたいと思っているのですよ。大事なのは首長あるいは地方議会の議員がどう考えるかです。私たちに陳情する

よりも、選挙民の立場を使って、首長や議員に意見を述べるべきです。国は国で働きかけますから」と説明しました。消費者団体の中には、首長や議員に対して行動を起こした団体もあります。そうしたこともあり、次第に地方でも消費者行政の整備が進んでいったのかなと思います。

　ちなみに、私はこのような消費者団体とのネットワークも非常に大事にしていました。今でも、当時のリーダーを含む消費者団体の人たちと非常に仲よく付き合っています。行政関係者で、消費者団体の会合に呼ばれるのは、私が一番多いかもしれませんね（笑）。このように、さまざまなネットワークをもつことはとても大切であることも学びました。

第5章 サービス契約に切り込む──約款への挑戦

1 サービスについての審議が始まる──第4次国民生活審議会

❶ サービスに関する消費者問題が議論された背景

田口：1970年代に入るとサービス分野の消費者問題がクローズアップされるようになってきました。サービス分野の消費者問題は、それまでにない新しい問題であったようですが、どのように問題提起をされたのでしょうか。

及川：そうですね。国民所得が少ない時代には、家計の消費支出に占める食料費の割合（エンゲル係数）は高水準でした。次第に社会が発展し、収入も少しずつ増えてきて、食料品をはじめとする物への支出よりもサービスへの支出が増え、支出の半分以上がサービスへの支出という時代になっていきました。そうすると、消費者問題も、物の問題からサービスの問題に移っていきます。しかし、それまでの消費者行政では、物の安全・品質・取引の問題に比べて、サービスの問題については、あまり取り扱っていませんでした。

　そこで、代表的なサービスに関する消費者問題について、第4次国民生活審議会（1971年～1973年）で議論を始めました。代表的なサービスは、トラブルの多かった、金融、保険、医療、環境衛生、運輸、レジャーの6つです。これらを2年間かけて議論し、1973年に最終的な答申「サービスに関する消費者保護について」（以下、「サービス答申」といいます）が出されました。

　議論された主な論点は、消費者に情報がしっかり伝えられているか、消費者がサービスを選べる状況にあるか、消費者の安全が阻害されていないか、

それから消費者が被害を受けた場合に救済されるのかという点です。いうなれば、サービスについて、以前お話した消費者の4つの権利プラス救済される権利の現状について（第1章3❸参照）、消費者行政の立場から初めて議論したということです。

❷　金融・保険サービスの問題点

及川：金融・保険サービスに関しては、銀行法・保険業法などの業法に加えて、さまざまな規制法があります。これらは預金者保護のための規制であるとか、保険加入者保護のための規制であるとかいわれますが、その中身は、最も競争力の弱い金融機関であっても生き残れるようにするための法制といえます。いわゆる「護送船団行政」です。市場の中で一番競争力が弱く低質なサービスしか提供できない業者でも生き残れるということは、消費者にとっては損な状況です。ですから、金融・保険サービスにおける消費者問題にとって、護送船団行政と過剰な金融機関保護法制は、最大の課題でした。それが、金融自由化論の先駆けであったと思います。

　保険サービスについては、特に保険の募集方法が問題とされました。1948年に、保険募集の取締に関する法律が制定されていましたが、保険に対する消費者のニーズや意識、そして時代の変化に対応できていませんでした。当時、勧誘員は、比較できる他の保険についての情報が十分ではない状況で、自分が勧誘している保険が一番よいと説明していました。逆にいえば、消費者は、十分な情報を提供されないままに売りつけられていたといえるかもしれません。また、一般的に、保険勧誘員という職業は、従業員の転出入が激しい職種といわれており、親類・知人を一通り勧誘したら辞めてしまうことも多く、したがって、勧誘員として知識や経験の乏しい人が多いという問題もありました。

　このようなことが背景ともなったのか、内閣総理大臣の諮問機関であった金融審議会の議論の中で、生命保険については、特に、商品を比較するための情報が必要であるとされ、それを受けて、1976年に財団法人生命保険文化

センター（現在は公益財団法人）がつくられました。

❸　環境衛生サービスの問題点

及川：環境衛生サービスについては、特に苦情の多かったクリーニングサービスが主に問題になりました。現在のクリーニングの苦情処理の基準なども、基本的には、このときに国民生活審議会で議論してまとめた内容が使われています。

　洗剤と洗濯物の繊維との適合・不適合の表示もこの答申を契機に普及しました。クリーニングのほかに、理美容や公衆浴場についても、安全衛生、事故防止、苦情処理などの面から検討されました。

❹　医療サービスの問題点

及川：検討したサービス分野の中でも、特に時間がかかり、大きな対立点があったのが医療サービスでした。国民生活審議会は、医療はサービスであり、患者はそのサービスの消費者であるという考え方に立っていました。そうすると、消費者としての患者は、医療を選ぶ権利があり、選ぶ権利を現実のものとするためには、情報を知る権利・知らされる権利が確保される必要がある、ということにつながっていきます。この、医療はサービスか・患者は消費者か、という点が1つ目の大論点でした。当時の日本医師会の会長は武見太郎氏でした。内閣総理大臣からも恐れられたくらいの大変な人物です。この武見氏が、医療関係の新聞に、経済企画庁によくわかっていない課長がいて、患者は消費者で、消費者に医療を選ぶ権利があるという、おかしなことを言っている、医療は専門家である医者だけが決めることができるのであって、患者が選べるわけがない、患者には選択の権利があるはずがない、といったようなメッセージを出すくらいの大議論でした。

　しかし、国民生活審議会の立場と相反する日本医師会の立場から答申を出すわけにはいきません。最終的には、医療界には答申の立場とは異なる意見の方がいることも含めて、患者は消費者であり、消費者には知る権利と選ぶ

第5章　サービス契約に切り込む──約款への挑戦

権利がある、ということがサービス答申で盛り込まれました。あくまで審議会の答申ですから、医療行政を管轄する厚生省にも目をつぶってもらいました。

『厚生白書』で消費者としての患者に選ぶ権利が認められるのは、それから二十数年後です。『厚生白書〔平成7年版〕』は、真正面からこの問題を取り上げて、医療・福祉サービスの両方で、患者等を消費者と捉えました。今でこそ、セカンド・オピニオンやインフォームド・コンセントという考え方が一般化しましたが、その先駆けとなった出来事といってよいのかもしれません。

次に、医事紛争の被害救済をどのように図るかという点も問題になりました。サービス答申では、医療過誤の審査機関として「医事紛争処理委員会（仮称）」を整備するよう求めています。医師会の中に紛争処理機関がつくられたとしても、必ずしも十分ではないということを指摘しているのです。

当時、厚生省の課長補佐に横尾和子氏という優秀な女性官僚がいました。この方が、毎回のように国民生活審議会の会議を傍聴し、彼女個人の考え方は別にしても、厚生省としては納得できないということで、随分と議論をしたことを覚えています。横尾氏は、厚生省で局長、その後に社会保険庁長官、さらには最高裁判所の判事まで務められましたね。このような方たちと議論し、そのうえでサービス答申を出しました。

❺　レジャーサービスの問題点

及川：レジャーサービスの問題点については、スキー場、海水浴場を含めたスポーツ施設、ホテル・旅館などの宿泊施設、遊園地などについて検討されました。全般的に、安全・防災体制が不十分であること、事故責任や解約料などについて消費者に不利益な約款規定が多いことなどが指摘されました。また、海外ツアーに関して、どこまで消費者側がリスクを負担すべきかを議論しました。例えば、オーロラを見るツアーを、全くオーロラが見えない時期に企画したら、事業者の責任ではないか、というような細かいことまで議

論しました。

❻　運輸サービスの問題点

及川：運輸サービスについて一番問題になったのは、路線や運賃の決定についてです。これは、運輸省運輸審議会において、利害関係人の意見を聴いて決めることになっていました。消費者行政の立場では、消費者は、当然、利害関係人の筆頭であると考えるのですが、当時の運輸省は、利害関係人は競争事業者などであると主張していました。これに対して、私が「それは、おかしい。消費者も利害関係人に入れるべきではないか」と主張したところ、運輸省および関係団体から猛反対を受けました。後に大臣にもなった有名な大蔵官僚も私の席にまで来て反対していましたね。なぜ大蔵省が反対するのかわかりませんでしたが、運賃の値上げが簡単にできなくなるからでしょうか（笑）。

　しかし、やはり国民生活審議会では、消費者が利害関係人から外れていることについてはおかしいということで、運輸審議会において路線や運賃を決定する場面における利害関係人の中に消費者も含めることについて、反対論を乗り越えて答申しました。この件は、感慨深く記憶しています。

❼　サービス契約共通の問題点——約款

及川：これらのサービスに共通することは、個別に内容を取り決めながら結ばれる契約ではなく、契約内容は定型的に決められた約款で定められているということです。ここでは、約款の内容についての情報がしっかりと消費者に伝えられているかという点で問題になります。約款の問題は、現在の民法改正や消費者契約法などの議論につながります。事業者は、何かトラブルがあると「約款にこう書いてあります」と説明します。しかし、約款などというものは、当時、消費者はほとんど見たことがありませんでしたし、細かい字でぎっしりと難しいことばかりが並べてありましたし、抽象的な文言で記載されており具体的事例でどうなるのか不明確でした。さらに、消費者に不

利益な条項も多数ありました。そこで、これらは是正しなければならないということになりました。

　具体的には、約款の情報を消費者に提供されるようにすること、約款の内容が消費者にとってわかりやすいものになること、消費者に不利益な条項をなくすことなどのために、統一約款法というものをつくることが重要な課題として浮上しました。すぐに統一約款法の検討を始めようとしたのですが、関係する業界から一気に反対論が噴出するおそれがありました。そこで、国民生活審議会では、統一約款法の制定を念頭に置きながらも、すぐに諮問・立法作業に入るのではなく、個別業種ごとに毎年、約款の検討委員会を続けていき、最終的に統一約款法を諮問して制定にこぎつけるということを考えました。また、約款だけでなく、消費者契約の締結過程それ自体に問題があるということもあり、約款プラス消費者契約締結過程のルール制定という、この２つの内容を合体して、のちの消費者契約法制定につながったといういきさつがあります。

　他方で、学会において製造物責任法要綱試案が検討され始めた時期でもありました。それと並行して国民生活審議会でも検討するべきではないかという話もありましたが、製造物責任を表立って議論すると、それだけで制定反対派からの反発が強く、議論を進めるのが難しくなるので、被害救済方法の検討ということで製造物責任法の議論を続けていったりもしていました。

　その議論の中でクラスアクション、オンブズマン、少額裁判などの制度についても紹介しました。少額裁判は、日本ではすぐに導入されましたし、オンブズマンは地方公共団体で導入され、クラスアクションは、消費者裁判手続特例法が成立して、やっとそれに近いものが導入されました。田口教授も北川善太郎＝及川昭伍編『消費者保護法の基礎』（青林書院新社、1984年）において、オンブズマンやクラスアクションを紹介されましたね。

田口：今では多くの人が知っている制度やしくみですが、当時はまだ初めて紹介するというような時期でしたね。

　このサービス答申の内容を突き詰めていくと、消費者の権利、すなわち、

安全の権利、知る権利、選択する権利、被害が救済される権利などに行き着きますね。
及川：そうです。
田口：それは、1968年の消費者保護基本法で、いわば積み残しになっていた消費者の権利の問題が、ここで再び具体的な形で出てきたといってよいでしょうか。
及川：私はそう思います。

2　消費者保護部会から消費者政策部会へ

田口：消費者の権利論の再浮上を契機として、この頃、国民生活審議会の部会名も変更されましたね。
及川：1977年に発足した第7次国民生活審議会から、消費者保護部会が、「消費者政策部会」に改称されました。当時、わが国の消費者行政は、消費者に権利を認めずに、消費者が弱者であるがゆえに保護しているにすぎないと批判されていました。これに対して、世界にみられる消費者政策は、消費者の権利をしっかりと確立したうえで、消費者の権利を擁護するものでした。このような議論を受けて、わが国も、消費者保護基本法などの改正によって消費者の権利を確立し、消費者が自立するような消費者政策を打ち立てていくべきであるという強い政策的意思を示すため、消費者保護部会の名称から「保護」という文字を削除することになったのです。

　サービス答申の後に、国民生活審議会消費者保護部会の中に消費者救済特別研究委員会が設置されました。東大総長も務められた法律学者の加藤一郎先生に座長になっていただき、一橋大学の学長も務められた経済学者の宮澤健一先生にも委員になっていただき、法律と経済の両面から、製造物責任法の制定を目指した研究会を実施してレポートをつくるという作業を始めていたわけです。その検討の中で、やはり消費者の権利を確立することが非常に大事だと考えたということもあって、消費者保護部会を消費者政策部会に改

第5章　サービス契約に切り込む——約款への挑戦

称したわけです。

3　国民生活審議会と研究者とのネットワーク

田口：この改称に関し、国民生活審議会の委員の方々が議論される機会はあったのでしょうか。

及川：この件については、東京大学教授をされていた竹内昭夫先生が一番熱心でした。竹内昭夫先生は、当時、国民生活審議会消費者保護部会の委員でした。竹内先生は、日本における消費者法の講座を大学で初めて担当された方です。商法が専門で、アメリカへ留学したときに証券取引法を研究したそうです。アメリカで、クラスアクション（集団訴訟）によって、多数の消費者が証券取引の約款上の不備を理由に損害賠償を勝ち取る姿を目の当たりにして、消費者法に目覚めたという、わが国の消費者法の最初の大家です。竹内先生は、消費者保護基本法が成立した際に、「お経のような法律だ」、「法律事項が全くない」、「あるとすれば消費者保護会議の規定だけだ」と言われていました。そして、「消費者の保護ではなくて、自立して権利を持った消費者にすることを目指さなければならない」と言われました。そして、その竹内昭夫先生の紹介で、加藤一郎先生も消費者問題の分野に入ってこられました。また、第12次国民生活審議会消費者政策部会の部会長を務められた名古屋大学名誉教授の森嶌昭夫先生は、加藤先生の一番弟子です。そのようなことで、加藤先生も森嶌先生も消費者法の分野に入ってこられて、ご指導いただいたという経緯になります。

　また、竹内先生の一番弟子が、のちに国民生活審議会会長や国民生活センター紛争解決委員会の委員長を務められた東京大学名誉教授の落合誠一先生です。そういういきさつもあり、落合先生には竹内先生の跡を継いで、いろいろとご指導いただいたということになるわけです。

　また、第10次国民生活審議会消費者政策部会の部会長を、京都大学教授をされていた北川善太郎先生にお願いしましたが、その北川先生の弟子が、現

在、国民生活センター理事長を務められている一橋大学名誉教授の松本恒雄先生です。北川先生が亡くなったときの、松本先生による追悼文(「現代消費者法」18号(2013年)など参照)の中にも出てくる話ですが、松本先生は、北川先生と同じく国民生活審議会消費者政策部会の部会長、しかも消費者庁設置に伴う国民生活審議会廃止時の部会長を務められ、また、私の4代後の国民生活センター理事長も務められるという縁があります。このような学者の方たちと、そういうネットワークやご縁があって、皆さんにご協力やご支援をいただいて、今またさらに、その方たちに非常に活躍していただいている。非常に嬉しいことですよね。

このように、消費者行政は、そういう専門家・学者とのネットワークも非常に大事にしながら、発展してきたと思います。

4 救急医療体制不備による死亡事故、千日デパート火災 ——第4次国民生活審議会分科会提言

田口:話を少し戻して、サービス答申(1973年)を出した第4次国民生活審議会(1971年~1973年)では、緊急的な問題が発生すると大変スピーディーに提言を出していましたね。

及川:サービスの問題を審議した第4次国民生活審議会では、消費者保護部会の中に、さらに3つの分科会があったのです。金融・保険の分科会、医療・環境衛生の分科会、運輸・レジャーの分科会が設けられていました。そして、それぞれの分科会が、その時々に、緊急提言をしているのです。例えば、医療サービスの分科会では、救急医療体制の緊急提言がありました。つまり、当時、救急医療体制が不備なために死亡する急病人が多かったというので、救急車に医師を乗せるべきであるとか、ヘリコプターを使うべきであるといったようなことを含めて提言が出され、その後、随分と実現されています。

運輸・レジャーサービスを検討する分科会では、118人の死亡者を出した

大阪の千日デパート火災を受けて、建物火災と消費者保護、つまり建築物と消費者保護について提言しています。

田口：そのときは機動的に提言を出すために、総会や部会に諮らずに分科会長提言を出したということでしょうか。

及川：そうです。「部会長所見」や「分科会主査所見」という形で緊急提言を出したのは、あのときだけではないですかね。当時、それぞれの分科会が、現に起きている問題についてパッと提言を出すのですが、これを新聞やテレビが大きく取り上げて、政策に具体的につながっていくという過程がありました。私は、当時、国民生活審議会を担当する消費者行政課長として、緊急提言を支持する立場をとっていましたが、国民生活審議会のトップや経済企画庁の幹部あたりとは、若干トラブルもありました。当時から、とにかく積極的に、世の中に提言や問題点の公表などを続けてきたということで、少しは消費者行政の発展に貢献できたかなと思ったりしているわけです。

5　第4次国民生活審議会サービス答申の意義

田口：消費者保護基本法から消費者基本法へ改正されるまで、36年ほどかかっています。新しい消費者基本法では、消費者の権利が明記されました。その実質的な内容は、この第4次国民生活審議会によるサービス答申で触れられた、消費者の安全が確保される、情報を得られる、適切な選択ができる、被害があれば救済されるなどのことが、安全の面では製造物責任法に結実され、また、消費者契約法において知らされる権利が具体化されていくということで、その後に消費者の権利が法律上規定される下地になったようにも思われますね。

及川：私もそう思います。またのちほどお話しますが、消費者基本法ができる前に製造物責任法ができました。製造物責任法には、消費者の権利は全く書かれていません。消費者という言葉は1つも出てこないのです。それでも、消費者保護の大事な法律のようにいわれています。結局、製造物責任法とは、

事実上、消費者の安全の権利を保障する法律です。欠陥品で被害を受けたら100％メーカー側に補償してもらえるという権利を事実上保障することを目的にした法律なのです。

　そして、消費者契約法も、消費者の権利とは何も書いてない。ただ、契約過程で知らされるべき情報を知らされていなければ契約を取り消せるという取消権が書かれている。要するに、事実上、知らされる権利が認められたということです。また、消費者契約法に規定されている約款規制については、対等でない条項は無効だとされています。これは、事業者と消費者との対等な権利の保障といったことが、事実上認められたといえます。

　そういう積み重ねがあって、統一法としての消費者基本法に、最終的に結実していったのだと思います。その一番の根っこが、消費者保護基本法にあり、議論の下地が、この第4次国民生活審議会のサービス答申にあったといえるのでしょうね。

第6章　豊田商事事件の衝撃

1　後追い的規制——ネズミ講・サラ金・先物取引被害への対応

田口：1980年代に入ると、消費者問題はかなり様相が変わってきます。よく、「消費者問題の多様化・複雑化」といわれますが、その最たるものが金融や資産形成取引のトラブル、とりわけ豊田商事事件ではないかと思います。そこで、まず、1980年代以降、顕著にみられた金融・資産形成取引に関するトラブルについての経緯等をうかがいたいと思います。

及川：ご指摘のように、1980年代に入ると、金融・資産形成取引に関するトラブルが非常に増えてきます。その前から「ネズミ講」というものがあって、「天下一家の会」という団体が一世を風靡したことがありました。そこで、1978年、ネズミ講に対応するために無限連鎖講の防止に関する法律が制定されました。

　ところが、ネズミ講はお金だけの取引ですけれども、お金ではなくて国債を使って、事実上、ネズミ講を行う団体（国利民福の会）が出てきましたので、国債などによるネズミ講も禁止されました。そうしたら、今度はお金などの金品ではなくて、商品や役務をネズミ講的に販売する、「マルチ商法」というものが出現してきました。また、この時期は、サラ金地獄といわれるようなサラリーマン金融（サラ金）の暴力的取立てが大変問題になりました。サラ金は、当時、規制する法律が全くありませんでしたが、1983年に貸金業規制法（現在の貸金業法）がつくられました。さらに、当時、先物取引が非常にはやりまして、本来は業者の間で行われていた取引が消費者向けにも勧

郵便はがき

料金受取人払郵便

渋谷局
承認

4643

差出有効期間
平成29年7月
30日まで

（切手不要）

1508790

012

東京都渋谷区恵比寿
3－7－16

民事法研究会 行

お名前	（フリガナ）
ご住所	〒　　　　　　　　　TEL　（　　）
	E-mail:　　　　　　　□メルマガ（新刊案内）希望
ご職業	

※**個人情報の取扱い**　ご記入いただいた個人情報は、お申込書籍の送付および小会の書籍のご案内等のほかには利用いたしません。□ＤＭ不要

書名		読　者 カード

●**本書を何によってお知りになりましたか。**
- 日経新聞広告
- 新聞（新聞名　　　　　　　）
- 雑誌（雑誌名　　　　　　　）
- 書店（書店名　　　　　　　）
- ホームページ（小会以外）
- 知人・友人
- 小会ホームページ
- その他（　　　　　　　　　）

●**本書をどのようにご購入されましたか。**
- 書店（書店名　　　　　　　）
- 直接小会から
- インターネット書店（書店名　　　　　）
- 贈呈
- その他（　　　　　　　　　）

●**本書についてのご感想をお聞かせください。**
- 内容は、　　（良い　　まあまあ　　不満）
- デザインは、（良い　　まあまあ　　不満）
- 定価は、　　（安い　　普通　　　　高い）

●**本書以外に小会の書籍をお読みになられていますか。**
- 読んでいる
- 読んでいない

●**本書のご購入の動機をお教えください。**
- 実務上
- 一般教養として
- 試験のため
- プレゼント用に
- 人に勧められて
- その他（　　　　　　　　　）

●**本書に対するご意見や、出版してほしい企画等お聞かせください。**

■ご協力ありがとうございました。

書籍お申込書	申込日　　年　　月　　日
書名	冊
書名	冊

最新の図書目録は小会ホームページ www.minjiho.com でご覧いただけます。

誘され始め、多くの被害者が発生しました。この先物取引の規制が強化されたのもこの時期です。

このように、ネズミ講、サラ金や先物取引にしても、問題が非常に深刻になってから後追い的にそれらを規制する法律ができるということが繰り返されてきました。

2　豊田商事事件とは何か

❶　事件の始まり

及川：そのような中で、消費者取引で最大の事件となった豊田商事事件が起きました。当時、金の先物取引は規制されていましたが、金の「現物」取引は、普通の取引として自由でした。ここに目をつけたのが、この豊田商事の主宰者・会長の永野一男です。まだ30歳そこそこの若者でした。もともと、先物取引を扱っていたようですが、先物取引が規制されたので、規制のない現物取引で一儲けしようとしました。永野は、金の預り証券を消費者に渡し金を預かっていることにして、金を有利に運用して高利で還元するという、金の現物預託商法（現物まがい商法）を始めました。被害者は、高齢者を中心に約5万人、被害金額は約2000億円に上り、それまでにない大きな消費者事件となりました。

豊田商事が設立されたのは1982年でしたけれども、設立前に、法律に違反せずにうまく金儲けできる方法はないかということで、有能な弁護士を何人か集めて、法律の抜け穴というか、法律に違反しない商売の方法を研究したようです。そうして、金の現物まがい商法をつくり出したわけです。ですから、当時、豊田商事の商法を直接に規制する法律はありませんでした。

初めの1～2年の間は、お客をつかまえれば、そのお客が払ったお金で、すでに投資している人に配当を払うことができました。自転車操業ですけれども、自転車操業なりに一応回転していたのです。これが、3年目に入る頃

から上手くいかなくなり、消費生活センター・国民生活センターへ多くの苦情が寄せられるようになりました。

　金融・資産形成取引については、ネズミ講やマルチ商法であれば消費者問題として相談員も対応していたのですが、この豊田商事による金の現物まがい商法については、当初、相談員の中にも、投機の失敗であって消費者問題ではないという扱いをする方も多くいました。当時、経済企画庁の国民生活局長を務めていた私は、典型的な消費者問題であるとして積極的に対応するようにお願いしていましたけれども、被害は拡大していきました。

❷　消費者行政の対応と限界

及川：豊田商事が発足して3年目となる1985年あたりから苦情が多くなったものですから、消費者行政を統括する消費者保護会議の場において、金の現物まがい商法について注意を払い、各省でも対応策を考えていくことを2年続けて提案し、取決めをしました。

　この取決めは、後に被害者から提訴された国家賠償請求訴訟において、国は被害の実情がわかっていたのに対策をとらなかったと主張される根拠の1つになってくるわけですが、国としても苦情が多数寄せられていた時期から、一応、そのような警戒情報は発していたのです。

　豊田商事についての苦情が何千件と寄せられるようになり、被害も深刻になってきたことから、各省庁に、それぞれの所管に応じて対応策をとってくれるよう具体的に要請しました。

　警察庁には、これは実質的に詐欺ではないか、詐欺罪で取り締まることができないか、ということを検討してもらいましたが、結論としては、難しいということでした。詐欺罪での立件には、だます意思、法律的にいえば「欺罔の意思」の存在が認められる必要があります。豊田商事が発足した当初は資金繰りは上手くいっていたものですから、「だますつもりはなく、商売が次第にうまくいかなくなったから払えないだけである」と言われると、欺罔の意思の立証が難しいということでした。

公正取引委員会に対しては、儲からないのに儲かるようなことを言っている点で、景品表示法の不当表示に当たる優良誤認の表示に違反していないか、つまり金の現物だと言いながら、実際には現物がないという売り方ではないか、と申し入れてみました。しかし、これも難しいということでした。国税庁、大蔵省や法務省にもお願いしたのですけれども、結局はどれも上手くいきませんでした。

　また、金を所管する通産省に対して、所管官庁として規制する法律がないならば、少なくとも消費者に事件の実態を豊田商事の実名入りで公表してはどうかということも提案しました。公表については、国民生活センターにも要請しました。しかし、通産省も国民生活センターも、事業者の実名を公表する場合のルールがないなどということで、できませんでした。

❸　国会答弁での公表──豊田商事の実態を暴く

及川：しかし、このまま放置すれば被害はますます拡大してしまいます。そこで、私は、国会で答弁する際に、実名を出して公表するしかないと考えました。国会の委員会や事務局にも相談して、1985年6月6日に、豊田商事の悪質商法の実態や、消費者被害の状況などについて私が国会答弁に立つことになりました。

　経済企画庁長官にも報告して了解を得なければならない案件ですから、当時の長官であった金子一平氏に、答弁の前日、大臣室で経緯を説明し、実名を公表してわかっている範囲の情報を公表する旨申し上げました。そうしたら、金子長官は「ちょっと待ってくれ」と言われました。なぜだろうと思ったら、首謀者の永野一男が金子長官の選挙区である岐阜県出身であったことから、永野から地元の後援会が政治献金を受け取っていないかを確認したいということでした。その晩、金子長官は直接地元に電話して、一晩で確認作業をされたようです。私は、翌朝一番に金子長官に呼ばれて、「問題ない。思う通りにやってくれて結構だ」というお許しを得て国会へ向かったわけです。

第6章　豊田商事事件の衝撃

衆議院物価問題等特別委員会で発言する及川氏〔朝日新聞社提供〕

及川：国会（衆議院物価問題等特別委員会）では、新聞各紙やテレビのスタッフが多数入り、記者席は満員でした。質問は私に集中し、豊田商事の成り立ちから、被害の実態、勧誘方法その他知り得る限りのことをすべて答弁の形で公表しました。そして、残念ながら、現在は取り締まる法律がないものの、あらゆる法律を駆使し、各省庁と協力して被害防止にあたりたいと答弁しました。

たまたまその日の昼に、私の地元の盛岡で、弁護士が被害者から依頼を受けて豊田商事の盛岡の事務所に行って調べたところ、金の現物は1つもなかったということがテレビのニュースで報道されました。この報道の事実について地元から連絡が来ましたので、午後に再開された審議の冒頭ですぐに公表しました。

そのようなこともあり、マスコミには大変大きく取り上げてもらい、豊田商事の実態は国民に周知されました。国会審議における公表は、非常に効果的でした。

❹　突然の幕引き

及川：各省庁とあらゆる法律を駆使して対応するという私の国会答弁を受けて、一番初めに行動したのは警察庁でした。首謀者の永野は、集めた資金を従業員に非常に高い給料として支払ったり、投資という形式で海外に移していたのです。ゴルフ場や遊技場を買ったりして、香港やシンガポールにかなりの資金を移していたことについて、外国為替管理法（現在の外国為替及び外国貿易法）違反ではないかとして、警察は永野を聴取しました。その直後の6月18日、永野が逮捕されるのではないかという情報が流れて、永野の住

む大阪市北区のマンションの部屋の前にテレビカメラが何台も並び、大勢の記者が永野が逮捕される瞬間を待っていました。そこへ、中年の男が2人、銃剣を持って現れたのです。ドアには鍵がかかっていたものですから、2人の男は、玄関脇の窓を破って永野の部屋に侵入していきました。しばらく経つと、2人の男が、血で真っ赤になった銃剣と瀕死の永野を引っ張り出して出てきました。永野はその約45分後に死亡したわけです。報道機関は、誰一人止めることもなく、この一部始終を報道していました。永野というリーダーがいなくなった途端、ほかの従業員はお金を持ち去って散り散りになりました。こうして豊田商事は壊滅し、事件は幕を閉じました。豊田商事の残党たちが、悪質商法のうま味を知ったものですから、この後、この種の消費者問題を豊田商事の残党たちが起こし続けたという問題は残りましたが、まずは、豊田商事自体は壊滅しました。

しかし、国会で豊田商事事件を公表した私としては、若干後味の悪い思いをしましたね。

3　豊田商事の壊滅と残された被害者

田口：豊田商事が壊滅した後には、数多くの被害者が残されましたね。
及川：事件は終わりましたが、被害者救済の問題が残りました。豊田商事は、破産宣告がなされて、後に日弁連の会長も務められた中坊公平氏が破産管財人になりました。中坊氏は非常に熱心でした。まず、年収1000万～2000万円という高給をもらっていた従業員が多くいたものですから、元従業員に対して不法な所得として返還を求めました。また、元従業員たちは不法な所得を基準に所得税を納めていたので、国税庁に毎日のように訪れ、「国税庁は、当然消費者に返還すべきお金を税金としてとっている。破産管財人に戻して被害者に返してほしい」という折衝を何回となくやりました。とうとう国税庁は中坊氏の要求を呑んで、元従業員から徴収した税金を破産管財人に返還しました。

しかし、それでも結局は、被害額約2000億円のうち100億円、全体の５％程度しか被害回復ができませんでした。

田口：被害者救済の過程では、国の責任も問われることになりましたね。

及川：問題となったのは、豊田商事に対する取締りの遅れという国の不作為です。被害者は、国の不作為を理由とする国家賠償訴訟を大阪で起こしました。大阪で訴訟提起された理由は、豊田商事の本拠が大阪にあったことと、被害者が一番多かったのが大阪だったからです。

審理の過程で、関係省庁が法廷に呼ばれました。各省庁は、豊田商事に対して規制しようと思ったけれども取り締まる法律がなかった、などの説明をしました。第二審の大阪高等裁判所で結審するときに、国会で豊田商事事件についてあれほどはっきりしたことを話した及川昭伍が証言しなければ結審できないということになったようでして、当時、すでに退官していた私も証人に呼ばれました。法務省は、及川は国にも責任があると言うのではないかと心配していたようですけれども、私自身は、経済企画庁の担当局長として国の対応をみていて、国の遅れで被害が拡大したとは必ずしも思っていませんでしたし、各省庁は一所懸命に対策しようとしましたができなかったのだと思っていました。

原告団の弁護士によると、経済企画庁自身は被害の実情を把握していたのだから、規制法について企画立案するべきであり、不作為の国家賠償責任があったのではないかということを聞きたかったようです。原告団の弁護士には、豊田商事の金のまがい取引に対応していくことを決めた消費者保護会議決定があるではないかと聞かれました。これに対しては、法律上は、消費者保護会議は決定機関ではなく審議機関であり、それを決定という形にしているにすぎないこと、正式な決定は別途閣議を経なければならないことを説明しました。また、経済企画庁には、当時、企画立案権限は与えられておらず、各省庁が実施することを調整するということはできるけれども、独自に法律を企画立案する権限は与えられていないことを説明しました。

判決では、対応は遅れたものの、遅れたことに違法性はないということで、

国家賠償責任は原告団の敗訴、国の勝訴ということになりました。原告団は上告し、最高裁判所での審理となったのですが、結局、国の責任はないということになりました。実は、このときの小法廷の裁判長が、すでに患者は医療サービスにおける消費者かどうかという問題のときにお話した、当時、厚生省健康政策局医事課課長補佐であった横尾和子氏でした。人の縁というものは面白いな、と思いました。

4 豊田商事事件が問いかけた課題

❶ 後追い規制の限界と消費者を保護する一般法の必要性

田口：豊田商事のような事件が再び起こらないようにするための立法措置などの検討は、どのように進められたのでしょうか。

及川：国としてはすぐに立法措置をとる必要があったのですが、各省庁はなかなか腰が重く、まずは経済企画庁の中で勉強会を開きました。すると、通産省が立法するということになり、翌1986年に、特定商品預託法という法律、簡単にいうと金やプラチナなどの貴金属の預託を規制するという法律ができました。そうしたところ、今度は、牛や豚などの家畜は規制されていないことから、1997年をピークにして、和牛預託商法が始まったのです。それで慌てて政令（特定商品預託法施行令）を改正し、規制対象に牛や豚などの家畜が加えられたのです。事後規制の限界の典型例といえるかもしれません。ずっと後になってから、「安愚楽牧場」という事件が起こります。この事件の被害額は豊田商事事件を超えているともいわれていますが、この事件について消費者庁の対応が遅すぎたのではないかと裁判で問題になっています。豊田商事事件は、消費者被害事件に対する消費者行政の対応の迅速さが問われる始まりの事件であるといえると思います。

田口：特定商品預託法の制定という立法措置により、豊田商事と同種の問題に対応するしくみはひとまずできたのですが、その規制範囲は、現実に消費

者事件の発生した金などに限定されてしまいます。そうすると、当然、抜け道として別の商品等が使われて、いつまでも後追い的な規制から抜け出せないことになってしまいます。法律専門家の間では、よく「立法事実」ということがいわれます。立法を基礎づける、根拠づける背景事実がある範囲でのみ立法は認められるという考え方ですが、消費者問題で常にみられる後追いのモグラ叩き的な実態をみると、立法事実の考え方をベースにして実際に問題になったものだけを規制する方法は見直さなければいけないように思います。特定商品預託法立案時には、そういう点は議論になったのでしょうか。

及川：当然、議論になりました。問題が起きるたびに後追いで規制する場合、個別業界単位で対応しますから、抜け穴ができるわけです。例えば、当時の議論では、特定商品預託法ですと、金やプラチナを規制しても、牛や豚はどうするのか。実際に和牛預託商法事件も起きているわけです。また、ネズミ講の場合も、現金によるネズミ講を規制したら、国債を利用されました。さらに、金銭ではなく商品を利用したいわゆるマルチ商法が出てきました。そういうことがあって、この頃から、商売の方法・種類・業態にかかわらず、すべてをカバーできるような一般法をつくらなければならないのではないかという議論が強くなってきました。それが、個別規制行政の限界を打ち破る手がかりになりました。

❷ 消費者行政部門に企画権限が付与されることの意義

及川：経済企画庁に企画権限がなかったことが、豊田商事事件に対して迅速に対応できなかった原因の１つであったということで、2001年に経済企画庁が内閣府に統合されたときに、内閣府の消費者行政部門に企画権限が付与されました。その後、内閣府の消費者行政部門は、消費者庁として独立するわけですけれども、このときに、消費者行政の企画権限と省庁間の調整権限は消費者庁に移されましたが、政府全体・内閣レベルの、いわゆる総合調整権限だけは内閣府に残されました。しかし、2015年に成立した「内閣の重要政策に関する総合調整等に関する機能の強化のための国家行政組織法等の一部

を改正する法律」によって、内閣府に残されていた総合調整権限も消費者庁に移ることとなり、消費者庁はますます重要な役割を担うことになります。これは、消費者庁自身に大きな責任が生まれることにもなりますので、後輩の諸君には「しっかりと対応しなければならない」と繰り返し伝えています。

❸ 警察の姿勢の変化──民事不介入からの転換

及川：豊田商事事件を契機に、警察庁の消費者問題・生活問題に関する姿勢が変わったことも一言お話しておこうと思います。警察は、従来、民事不介入の原則を貫いていました。民事不介入の原則は、刑事事件と民事事件の対応を厳格に分け、警察は民事事件に介入しないという考え方ですから、民事事件が多い消費者問題では、暴力事件などが起きなければ警察はなかなか腰を上げてくれなかったのです。しかし、この豊田商事事件をきっかけにして、社会の大事件になっているのに、警察は民事だからといって何もしないとは何事か、という批判が社会から出てきました。

　当時、警察の方から聞いたことですが、警察にも消費者問題の苦情が寄せられることはあるそうです。ただ、県警単位であわせても1件か2件程度であり、その1件だけをみると金額的にも数万円くらいの問題ですから、警察としては取り上げることは難しいということでした。ところが、その裏には、何十件、何百件、何千件という同様の被害がある場合もあります。警察も、全国的に同種被害が多数あることが確認できれば、捜査や検挙にあたることができるということでしたので、PIO-NETによって同種事件が全国でどれだけ発生しているのかわかるということを伝えました。こうして、豊田商事事件を契機に、民事事件にも警察が積極的に対応するようになってきたと思います。PIO-NETも警察の捜査で非常に活用されるようになりました。

❹ 「消費者」問題の捉え方の広がり

田口：豊田商事事件が起こった当初、消費生活センターなどでは消費者問題として取り上げることに消極的な考え方が多かったということですが、その

第6章　豊田商事事件の衝撃

点はどのように乗り越えてこられたのでしょうか。

及川：「消費者」の定義にかかわってくるのですけれども、消費者は、事業者の生産する財・サービスを購入して生涯の暮らしを成り立たせていくわけです。そのときに、生身の消費者が生活の中で事業者との関係で困っている問題は、すべて消費者問題として捉えていこうではないかというのが基本的な考え方です。一方で、買い物をして、商品に欠陥があったり、販売方法が悪い場合などを消費者問題と考える立場もあります。ですから、物不足騒ぎのときに、商品が買えないというのは消費者問題ではないと考える方がいたわけです。

　しかし私は、そうではなくて、事業者から物が買えないというのは、消費者が事業者との関係で困っている大変な消費者問題であると考えて対応したわけです。この考え方は、豊田商事事件やその他の金融・証券関係の問題でも、証券投資を業として行う場合は消費者ではないけれども、生涯の生活のために今あるお金を増やそう、金融業者なり証券業者なりのサービスを活用して増やそうとする場合には、その過程で生ずる問題は消費者問題として捉えようではないかという考え方となり、さらには買うという行為がなくとも、利用する・消費するという行為だけでも消費者問題と捉える考え方に発展していきました。

田口：そういう広い捉え方ですと、豊田商事事件のような資産形成取引、あるいは金融・保険など金融サービス関連の取引、さらにその外縁的なものまで、幅広く消費者問題の対象として捉えやすくなりますね。

及川：そうです。現在の生活だけではなくて「生涯の生活」ということまで広げたことが大事だと思います。生涯の生活のためにいろいろな取引をしている、例えば老後のために証券取引をしている場合、そこで起きたトラブルは消費者問題であるといえるようになりました。業として証券業をしているのとは違うわけです。現在は、そういったように、消費者問題が拡大して捉えられるようになっていると思います。

田口：消費者問題・消費者行政のように新しい問題がどんどん出てくるよう

な分野では、固定的な考え方に縛られずに、実態に応じて柔軟かつ積極果敢に対応していくという姿勢が求められますね。

及川：そうだと思います。

第7章　一般ルール重視へ向けた流れ

1　規制緩和の時代における消費者行政

❶　時代の変化と個別的規制行政の限界

田口：今までの話で大体1980年代までの話をうかがったわけですけれども、時代が進んで1990年代頃からは消費者行政の様相もさらに変化していきます。特に規制行政の限界が顕在化し、経済・社会の広範な分野で、規制緩和が進められます。そうした中で、消費者行政も、個別分野ごとの行政規制中心から、産業横断的な一般ルールを重視する方向へ転換していきます。この一連の流れについて、どのようにご覧になりますか。

及川：私は、消費者行政には、強くなった事業者に対しては事業官庁が規制し（規制行政）、弱くなった消費者に対しては支援する（支援行政）ことで、事業者と消費者のバランスをとって双方の利益を確保していくことが求められる、そして、そのような消費者行政が始まったとお話しました（第1章参照）。ただ、日本の行政のしくみのもとで、その延長線上に出てくるのは、問題発生ごとに個別業界単位で規制をするという後追い的な消費者行政なわけです。そういう規制方法では、どうしても抜け穴ができます。

　また、商品やサービスに規格を設定したり、基準を決めたりして、合格したものにはマークを付けるから、消費者はマークを調べて賢い選択をすることが求められる、というしくみを整えてきたわけです。しかし、サービス化・情報化の進展や消費の個性化・多様化等から、多様な業者が出てくる時代になりますと、このやり方では上手くいかなくなります。といいますのも、

新しい問題が出るたびにそれに対応しようと新しい法律・組織や規格をつくると行政コストが膨大になりますし、サービス化・情報化の進展により法律や規格を定めて従わせることができない新しい業種や商法も多数出てきます。さらに、消費の個性化・多様化の流れでは、画一的でないものにこそ価値があると考えられ、画一基準が通用しないことも出てくるからです。

❷　規制緩和論の台頭

及川：他方で、1980年代の中曽根康弘内閣あたりから、新自由主義、規制緩和、自己責任という主張が政治・経済界で強くなってきました。その流れの中で消費者行政をどうするかということが課題になりました。

　規制緩和については、当時、あらゆる規制を緩和するべきであると主張する方が非常に多かったのですが、私は、規制には２つの種類があることを強く主張し、反対しました。

　まず、規制には、経済的規制と社会的規制があります。経済的規制については、できるだけ緩和するということでよいと思います。例えば、事業に参入するにあたっての規制、数量規制、価格規制などの経済的規制については、できるだけ規制を緩和して自由競争をしてよいでしょう。しかし、社会的規制、例えば環境についての規制、消費者保護のための規制、安全のための規制などは、規制緩和どころか、場合によっては、むしろ規制を強化する必要さえあります。ですから、規制緩和ということですべて一緒にしてはならないと主張しました。

　消費者行政の分野では、結果としては、おおよそ、私が主張した方向で合意ができたのではないかと思います。

　ただ、一部の有名な規制緩和学者の中には、製造物責任も新しい形による規制の強化であり、規制緩和の観点から絶対に反対であるという論文を堂々と発表している方もおられました。このような意見があると、経済的規制と社会的規制といった整理や、消費者保護のための新しいルールということを出すのも難しいなと思ったものです。

2　消費者の保護から消費者の自立へ

❶　「自立」に込められた意味

田口：消費者行政の考え方、あるいは想定する消費者像という面では、この当時、「消費者の保護から消費者の自立へ」ということが議論されましたね。

及川：私はこのとき、経済企画庁の国民生活局長でしたが、消費者行政の方向性として、「消費者の保護から消費者の自立へ」というスローガンを掲げました。それは、当時の日本における消費者行政は、消費者に権利を認めず弱者としての消費者を行政的に「保護」するというものでしたが、その考え方からは脱却する必要があると考えていたからです。そして、「自立」に込めた意味は、消費者が権利を持って自立することを視野に入れ、外国では一般的になっている消費者の権利を認めたうえで、消費者の自立すなわち自己責任を一定程度消費者自身も受け持つ、という消費者行政に転換したいというものでした。権利とともに、権利を前提とした責任ある自立をも一体として議論することで、消費者の権利を確立する一般ルール、すべての業態・業種を通じて適用できる一般ルール制定への思いを込めたのです。

　また、このスローガンを掲げるとき、ケネディ教書（第1章3❷参照）が念頭にありました。ケネディ氏は、消費者の4つの権利を教書に掲げたのですが、教書ではその後に続けて、これらの権利を擁護するのは連邦政府の責任であるとしています。4つの権利を掲げたことだけでなく、権利擁護を連邦政府の責任とした点がとても重要だと考えたのです。言い換えれば、権利を擁護するのが消費者行政であるといえるからです。日本でも、そのような消費者行政を行いたいと思い、「保護から自立へ」と称しました。ただ、都道府県の消費者行政の担当者の中には、「保護から自立へ」のスローガンを文字通り受け取り、保護をやめると言い出すなど、このスローガンによって現場が若干混乱したことについて、私は責任を負わなければなりません。

❷　消費者取引における一般ルールの確立へ向けて

及川：私は、「保護から自立へ」を実現するために、3段階の戦略的な思考をしました。

まず、第1段階として、1973年から議論している一般ルールとしての製造物責任法を成立させます。次に、第2段階として、約款法、消費者契約法などの一般ルールとしての法律をつくることで、事実上、消費者の権利を確立します。そして、第3段階として、消費者保護基本法を改正し、消費者の権利を法律に規定します。

このプロセスがまさに消費者の権利確立への闘いであり、これによって、消費者の「保護から自立へ」という考え方を実現しようと考えました。途中、随分と誤解されることもありましたけれども、基本的にはそういう方向で進んでいったのではないかと思います。

このような考えのもと、次第に一般ルールを重視する時代へと転換していきました。

なお、ここでいう一般ルールは、基本的には民事法上のルールです。ただ、消費者問題に対応する場合、民事法で一般ルールを定めるとしても、民事法とあわせて、それに関連する行政ルール、訴訟ルール、場合によっては刑事罰ルールまでも一体として取り組んでいかなければ実効性がないのではないかと思っています。その点については、現在もなお整備されていくプロセスの中にあるのかなと思っています。

田口：消費者法の実態は、行政法規、刑事法規、民事法規などいろいろな性格のものが混在しているわけですが、この1990年代くらいから次第に民事法の重要性が高まってきたと思います。ただ、民事法が本当に実効性をもつためには、行政法や手続法、刑事法などが裏で支える必要があるのでしょうね。

第8章 産業界・産業官庁の壁を破った製造物責任法

1 製造物責任法制定へ向けた検討の背景

田口：一般ルールの重視という方向性についてお話をうかがいましたが、それが最も典型的かつ具体的に表れたのが製造物責任法であったかと思います。1994年に制定され、一般ルールとして登場してきた製造物責任法の考え方ですが、実現するまでには非常に長い道のりがありました。この製造物責任法の制定に至る経緯をお聞きしたいと思います。

及川：製造物責任法の検討が始められたのは、1973年でした。当時、消費者法の講座をわが国で唯一もっていたのが、東京大学教授の竹内昭夫先生で、国民生活審議会消費者保護部会の委員として中心的な活躍をしていただきました。竹内先生は、「牙のない法律」、つまり消費者が活用できない法律は、法律の役割をほとんど果たさないようなものであり、消費者保護基本法はその典型であると批判されていました。私も、消費者が武器として使える「消費者の権利」をどう確立するかが今後の消費者行政を考えるうえでとても大事だ、と考えていました。

　しかし、消費者の権利を正面から議論することはあまりに事業者側・産業官庁などの反発が凄まじく、とても前に進められないような政治的・経済的・社会的状況がありました。

　そういうわけで、すでにお話した3段階の戦略（第7章2❷参照）の第1段階として、消費者の権利を裏側から実現し、最終的には法律で権利として認めさせるために、製造物責任法の実現にとりかかったわけです。この製造物責任法は、危険負担を消費者側から製造者側に転換すること、すなわち、

商品の欠陥に対して買い手が注意しなければならないという原則を、売り手側が注意すべきという原則に転換し、また、過失責任から無過失責任あるいは欠陥責任へと商品の安全についての責任を転換するという、非常に大事なテーマを含んでいました。

2　製造物責任法制定へ向けた検討の開始

❶　国民生活審議会に消費者救済特別研究委員会が設置される

田口：製造物責任法の検討は、具体的にどのような形でとりかかられたのですか。

及川：国民生活審議会で製造物責任法の検討が開始される前年の1972年に、東京大学教授をされていた我妻栄先生を中心として製造物責任研究会が設けられ、1975年の日本私法学会において、「製造物責任法要綱試案」が報告されました。製造物責任法について、法律の試案という形で発表されたものは、これが初めてだと思いますね。

　国民生活審議会でも、ちょうどその時期に製造物責任法制定に向けて検討を開始すると決定されました。ただ、製造物責任法を直接取り上げることに対する事業者側・産業官庁の強い反発が予想され、国民生活審議会としてもいきなり触れるのは難しいという様相でした。そこで、もう少し慎重にことを運ぶために、1973年に、製品安全だけではなく消費者取引被害も含め広く消費者被害が多発している現状について、消費者被害の救済という視点から検討を進めるということで、消費者救済特別研究委員会（以下、「特別研究委員会」といいます）というものを国民生活審議会の中に設けました。もちろん、主な目的は、製造物責任法制定へ向けた検討です。

　製造物責任法を制定するということは、民法の大原則を修正することも含まれ得るわけですから、大変な作業です。そこで、この特別研究委員会には

社会的に影響力のある人たちを集めなければいけないということで、竹内昭夫先生の推薦と紹介を受けて、当時、東京大学総長を退任して間もなかった加藤一郎先生に座長をお願いしたいと考えました。民法の不法行為論の第一人者でしたし、東大紛争のときの総長で、東大紛争解決後、少し時間がとれるようになっていたということもありまして、大学へお願いにうかがいました。火事で焼けたにおいがまだ残っている東京大学の安田講堂にある総長顧問室へ入り、ご説明したところ、ご快諾をいただきました。加藤一郎先生は、このときから消費者法制の分野に本格的に参入されました。その後、民法、商法、民事訴訟法、行政法、競争法、経済学などにおいて一流の方々に集まっていただきました。経済学については、後に一橋大学の総長になられた宮澤健一先生にお願いしました。そのような、大学総長クラスを含めた一流の人材に集まっていただいた特別研究委員会でした。

❷ 特別研究委員会での検討と報告

及川：特別研究委員会には、消費者被害救済について、3つのテーマの検討をお願いしました。1つ目は、事業者責任という問題、まさしく製造物責任の問題です。安全の問題だけでなく取引の問題についても議論してもらいました。2つ目は、被害救済の手続の問題です。これは、訴訟法を一緒につくらなければならないということから、クラスアクションや少額裁判などについても研究する必要があるということで、団体訴訟を含めた救済手続についても検討してもらいました。3つ目は、経済界の猛反発に備え、この特別研究委員会が報告する消費者被害救済制度をつくれば経済的な効果も見込まれるという経済理論的な論証です。

この3つのテーマを1年近く検討していただき、ついに中間報告がまとまりました。

いよいよ、特別研究委員会の中間報告として発表しようとしたとき、経済企画庁の幹部の一部から、「このような波紋を呼ぶ報告書を出すことは許されない」と強く反対されました。つまり、報告はボツにせよ、ということで

す。一流の学者が集まって積極的に議論していただいたものをボツにするとは何事か、ということで、当時、課長だった私は、この中間報告を公表するために、職を賭す覚悟で、辞表も用意して、幹部たちの説得にあたりました。

結局、中間報告について公表はするものの、報告書のタイトルを「中間報告」ではなく「中間覚書」にすることで納得してもらいました。

そして、1974年7月に、中間覚書として公表しました。非常に先進的な内容でした。1975年に「製造物責任法要綱試案」が発表される前年のことでした。

その後、特別研究委員会では、中間覚書の公表をめぐるやりとりを通して、経済企画庁の幹部でさえ十分に理解できない報告ではいけない、もう少し議論してもっとわかりやすいものしようということで、引き続き1年間検討し、委員会報告としてまとめることができました。これを、1975年4月に、「覚書」ではなく「報告」として公表しています。

❸ 国民生活審議会消費者保護部会での議論

及川：特別研究委員会では、随分と新しいことを議論しました。前に述べたように、製造物責任、団体訴訟、少額裁判も議論しました。そのほか、スウェーデンの消費者オンブズマン制度についても随分と研究しました。この時期は、法律雑誌の「法律時報」（日本評論社）や「ジュリスト」（有斐閣）を通して、この特別研究委員会の成果を広く知ってもらいましたね。

1975年には、この特別研究委員会より格を1つ上げて、消費者保護部会で検討することとしました。この部会の中間報告を「消費者被害の救済について」という形でまとめたのは、その翌年の1976年です。そのようにして次第に議論を煮詰めていこうとしていたのですけれども、やはり表舞台に出てくればくるほど経済界・産業官庁・保守政界の反対が多くなり、国民生活審議会としては、検討継続という形にせざるを得ない状況になっていきました。

このような中、1977年に、国民生活審議会の「消費者保護部会」という名称が、「消費者政策部会」と改称されました（第5章2参照）。消費者の権利

を確立することを意識して、権利のある消費者のための政策を議論する部会という趣旨です。このとき、私は国民生活政策課長をしていました。国民生活審議会を担当する課長でしたから、部会の改称を起案するのは私の仕事の1つでした。もちろん、製造物責任法は、消費者の安全の権利を確立するための基本命題と考えていましたから、製造物責任法の制定も狙って改称しました。

それ以後、消費者政策部会では、1981年に部会報告「製品関連事故による消費者被害の救済について」を公表するなど、製造物責任法制定化の議論の段階を少しずつ進め、議論を煮詰めていきました。

3　製造物責任法をめぐる世界の状況

田口：この当時、製造物責任法をめぐる世界の状況は、どのようになっていたのでしょうか。

及川：世界に目を向けてみると、製造物責任の考え方はもともとアメリカから始まったものですが、アメリカでは製造物責任法という法律はありませんでした。アメリカは判例法の国ですから、判例の積み重ねで少しずつその内容が確立されていったわけです。

これに対して、ヨーロッパ諸国のほとんどは、成文法の国ですから、製造物責任法が次第に導入されていき、1985年にヨーロッパ共同体（EC）が、加盟国は製造物責任制度を整備せよという指令を出しました。

この頃になると、先進国では製造物責任法がほぼ制定されていました。

4　製造物責任法制定への期待が高まる──第12次国民生活審議会消費者政策部会の報告

田口：国民生活審議会等で地道に検討されてきた製造物責任法の検討が次第に煮詰まってきて、さあいよいよ立法化だという機運が高まってきたのは、

第12次国民生活審議会(1988年〜1990年)の頃ですね。

及川：1990年10月に、第12次国民生活審議会消費者政策部会は、「国際化時代の消費者政策について」という最終報告を公表しました。最終報告の結論の中に、国際化時代の消費者政策として、先進国と制度の調和を図るためにも製造物責任制度について日本でも早急に立法化を含めて総合的に検討する必要がある、次期(第13次)国民生活審議会ではこれを本格的に検討する必要がある、ということまで書き込みました。消費者団体や法律学者、実務家の中では、これでいよいよ日本も製造物責任法が立法される段階に入り、来年の国民生活審議会ではその答申が出るのだろうという期待が大きくなりました。そのような期待を抱かせる最終報告でした。

5　第13次国民生活審議会での議論

田口：続く第13次の国民生活審議会では、製造物責任法の立法化に向けた議論はどのように進められたのでしょうか。

❶　議論の対立点

及川：この最終報告を受けた第13次国民生活審議会(1990年〜1992年)が、1990年12月に発足しました。加藤一郎先生に、製造物責任法制定をこの審議会で提言するつもりであるから、ぜひご協力いただきたいということで、今度は特別研究委員会の座長ではなく、国民生活審議会の会長としてご協力いただき、製造物責任法について、国民生活審議会で本格的に検討が始まりました。

　この検討が始められた頃には、私は退官していましたが、審議会委員として議論に参画していましたので、産業界や産業官庁の非常に強い反対を間近で見ました。

　産業界などの意見は、以下のような内容でした。まず、製造物責任法の制定は、過失がなければ損害賠償責任を負わないという民法の大原則である過

失責任主義から無過失責任主義へ転換させることであり、そのような大問題をこのような審議会で決めるべきではなく、もっと慎重に議論すべきであるということ。また、製造物責任法によって、米国で起きているような濫訴社会になって社会・経済が大混乱に陥るおそれがあるということ。それから、事実上、この法律がなくても問題がないということ、つまり、製造物責任法がなくても、現実に製品事故に対して同等の補償をしているというのです。例えば、テレビの発火が原因で火事になり、家が焼失したら、家を建て替えるだけの補償をしているというのです。これは、確かに、事実でした。当時、テレビ火災で家が焼ける事故があちらこちらでありましたが、これらに対して、事業者はお見舞金を渡して損害を補償していたのです。

田口：製品事故に対する補償は、すでに事実上実施しているので、法律をつくるまでの必要はないというのであれば法律をつくっても困ることはないはず、という反論が出されたのではないですか。

及川：そういう議論を繰り返していましたね。結局、産業界側からすれば、消費者の権利として補償するのは反対だけれども、「お情け」として補償するのは構わないという意見でしたね。

　消費者団体などは、製造物責任の導入は世界の潮流であり、この国際化時代に、先進国と歩調を合わせていくためにも、やはり日本でも製造物責任法を制定すべきであると主張しました。

　また、製造物責任法に徹底的に抵抗していたのは自動車業界や家電業界などの主要産業でしたが、そういう産業や企業は、外国へ輸出して、外国の製造物責任法制のもとで商売をしているわけです。海外では、製造物責任法のルールのもとで事業展開しているのですから、国内で製造物責任法のもとで事業展開しても何も差し支えないのではないかと消費者団体側から反論されていました。逆に、国内で製造物責任法が制定されていなければ、外国には製造物責任法のもとで安全基準の高いものを輸出し、国内では安全基準の低いものを販売しているのではないかと疑われかねないわけです。製造物責任法を制定することは、企業側にとっても、決して悪い話ではないともいえた

わけです。

さらに、先に述べたように、企業側は、過失責任を無過失責任に転換するのは大問題だと主張していましたが、当時の判例の傾向では、「過失の衣を着た無過失責任」とよく表現されるように、事実上、無過失責任に近くなっていました。例えば、製品に欠陥があれば、事案の中には事業者側の過失が推定され、過失がないと主張するならば、事業者側は無過失についての立証が求められるという運用がされることも少なくなかったわけです。

また、濫訴の点については、濫訴はアメリカだけの問題であり、ヨーロッパではほとんど報告されていませんでした。濫訴の背景には、成功報酬を含めたアメリカの弁護士制度が影響しているのではないかと思います。ですから、日本では濫訴は起きないと消費者団体側から反論されていました。

❷ 与党自民党による「時期尚早」のメッセージ

及川：世間は、翌年の1991年の末には第13次国民生活審議会から何か報告が出るだろうと期待していました。しかし、そう簡単にはいきませんでした。国民生活審議会での議論が過熱する中で、自民党も与党として検討しなければならないということで、「製造物責任制度に関する小委員会」（林義郎委員長）を設けて検討していました。その小委員会の中間報告が1991年10月に出されます。中間報告の内容は、産業界その他の反対が強い状況を踏まえ、国民的合意はいまだできておらず、製造物責任法の制定は時期尚早であるというものでした。

この報告を受けて、国民生活審議会としてどうするのかが問題になりました。製造物責任法を制定すべき、という答申を出すことも考えられました。しかし、自民党小委員会の中間報告によって、与党自民党は製造物責任法を現段階で成立させる方針でないことがわかっています。このまま製造物責任法制定へ向けた答申を出しても、法律案を国会に提出できる状況にはありませんし、そのようなことになったら国民生活審議会の権威にもかかわります。

そこで、いまだ時期尚早であると考え、国民生活審議会としては、製造物

責任法制定に向けた答申を出すことは差し控え、製造物責任制度についての消費者政策部会としての中間報告にとどめました（1991年10月）。消費者団体や弁護士会などは、ここで国民生活審議会による製造物責任法制定に向けた大きな報告が出るものと期待していましたから、批判が寄せられました。新聞にも先送りの結論について、批判が書かれましたね。

❸ 再度の答申先送り──しびれを切らした消費者団体・弁護士会

及川：さらに1年経ち、1992年の秋になりました。私は、このときこそ最終報告を出せると思っていたのですけれども、やはり政治的情勢は、なかなかスムーズに進められるような状況ではありませんでした。1992年10月に出された国民生活審議会消費者政策部会の最終報告では、製造物責任法については、なお国民的合意が十分に形成されていないとして、結論を先送りするとともに、おおむね1年以内に結果をとりまとめることとされました。

　しびれを切らした消費者団体や弁護士会が、経済企画庁や国民生活審議会消費者政策部会の委員のもとに、連日のように陳情に訪れました。部会委員であった私のところにも連日のように来ました。ただ、消費者団体や弁護士会が陳情に訪れる消費者政策部会委員の多くや経済企画庁の担当者は、みんな製造物責任法をつくりたいと思っているわけです。それよりも、つくりたくないと思っている人のところにこそ陳情に行くべきであるし、国民的合意がないと思われていることが障害なのであるから、多数の国民が望んでいるということを示すべきなのです。例えば、署名運動をして何百万という署名を国会に示すとか、各選挙区の消費者がその選挙区の国会議員に要望を出すとか。そういうことも、陳情に来られた方にお伝えしていました。

❹ 約350万筆の署名が国会へ運ばれた

及川：そして、1992年10月の消費者政策部会が終わった後、消費者団体から、製造物責任法制定を目指す今後の運動の戦略会議を開くから参加してほしい

と誘いがありました。日本生協連の本部の役員会議室で、消費者団体の首脳メンバーに、若干の学者と私がオブザーバー的に参加して、戦略会議が開かれました。

私は、「この数カ月の間に、製造物責任法早期制定の国会への請願の署名を最低300万筆くらい集めようではないか」と提案しました。さらに、「数カ月で集めることが効果的です。できますか」と聞くと、日本生協連が、「できる」と言うのです。そこで、PL法消費者全国連絡会で決定して、署名運動を始めることになりました。他方で、地方の県議会・市町村議会は、地方自治法上、意見書を国会へ出せますから、国会への請願議決を出すことを提案し、ただちにその運動が組織されることになりました。

そうしたところ、3カ月あまりの間に、約350万筆もの署名が集まったのです。

段ボールが国会に大量に運び込まれました。これには国会議員はびっくり仰天しますよね。また、全国の地方公共団体の請願議決は311にもなりました。それと同時に、各地の消費者団体やグループが地元選出の国会議員に陳情するわけです。陳情された皆さんは、大変な勉強をされたと思いますね。この350万筆の署名と、地方公共団体の請願議決、各選挙区からの陳情は、相当な影響力があったと思います。国会議員にしてみれば、選挙区で1万人が要望の声をあげている場合、そこには、実際に声をあげている有権者とは別に、2〜3人の仲間・家族がいることを考えるわけです。そうすると、動き方によっては何万票もの投票を左右します。賛成しなければその人たちの支持を得られないとなると、当然、対応は変わりますよね。政治家は選挙民の意向を非常に敏感に感じ取りますから、この行動は、大成功だったと思います。

製造物責任法成立に向けた消費者団体等のデモ行進〔ニッポン消費者新聞提供〕

6　流れが変わった第14次国民生活審議会

❶　ガイアツの追い風

田口：大規模な署名運動などを受けてスタートした第14次国民生活審議会の議論は、どのように進んだのでしょうか。

及川：1992年12月に、第14次国民生活審議会（1992年〜1994年）が発足します。この審議会は、製造物責任法について、第13次の審議会によって、1年以内に結論を出すように求められていました。中身は何回も議論しているものですから、問題は国民的合意が得られているかという点でした。

　ちょうどその頃、中曽根内閣から細川内閣に代わりました。当時、日米構造協議が最重要テーマの1つになっていました。この協議の場で、アメリカから、先進国である日本に製造物責任法がないのは、非関税障壁のようなものであり、日本の企業は製造物責任を負わない社会で商売をし、得られた利益をもとに安い製品をアメリカへ輸出し、アメリカの産業を圧迫しており、許されないと指摘されています。このような国際的な圧力、ガイアツによって、日本政府・政治家、そして産業界も含めて、日米関係を考えるうえでも、製造物責任法の制定を考えなければならないと思うようになったのではないでしょうか。

❷　大きな影響を与えたテレビ出火事件

及川：国民生活審議会の中でも、産業界を含めて慎重論はありました。そういった中、当時、国民生活審議会の通産省代表委員であり、以前は通産審議官を務めていた天谷直弘さんの自宅が、1991年末にテレビ火災で全焼するという事件が起きました。三菱電機株式会社製のテレビでした。

　私は、天谷さんの奥さんが、カルチャーセンターで小説の勉強をしていることを知っていました。私は、当時、国民生活センターの理事長をしていましたので、天谷さんに、テレビ火災で天谷さんの家が焼けた後の製造業者の

対応について、国民生活センターの月刊誌であった「たしかな目」にノンフィクション小説として奥さんに書いてもらえないかと尋ねると、快諾してもらい、奥さんもすぐに書いてくれました。仮名でしたけれどね。小説には、テレビが出火した場合に産業界はどのような対応をするのか、会社の名前に傷はつけないで、見舞金みたいに保険金の残りを補償する程度で終わってしまう、などということが書かれていました。

　私は、その小説を、テレビ火災の実態を示す資料として、国民生活審議会で配りました。そうしたら、天谷さんが、自ら「この小説のモデルは私です」と申し出られました。そして、「今まで消極的な意見も述べていたけれども、やはり製造物責任法は早期に制定する必要があると思う」と話し始めたのです。

　すると、ソニー株式会社の大賀典雄社長が、「テレビ業界の一員として、やはり製造物責任法は日本でも早く制定したほうがいい」と切り出しました。通産省代表と産業界代表が、製造物責任法を積極的に制定すべきという旨の意見を主張し始めたのです。この天谷さんによる、自宅のテレビ火災の告白を契機として、審議会の中に慎重派がいなくなったのと同じ状況になったわけです。国民生活審議会では、最終報告をすぐに出そうということになり、各省もほぼその方向で調整がついて、1993年12月に最終報告が出されました。

❸　適用除外をめぐる議論

及川：最終局面でいろいろな議論がありましたが、印象に残っているのは中小企業製品の扱いです。ほぼ全員が製造物責任法制定に賛成する中で、最後に商工会の代表者、いわば中小企業の代表者が、「製造物責任法が必要なことはわかったけれども、中小企業製品だけは適用除外にしてくれないか」と陳情に来ました。いったん裁判で製造物責任による損害賠償請求が認められれば、すぐに会社が潰れてしまうおそれがあるというわけです。私は、「中小企業製品を適用除外にすることは考えられるところではあるけれども、そうすると中小企業にとってむしろ不利益になりますよ」と伝えました。とい

うのも、製造物責任法の適用除外を設けた場合、製品にはその旨の表示をすることになるであろうが、それを見た消費者はどう思うか、安全性の足りない商品であると思うのではないだろうか、そうしたら売れなくなるのではないか、と考えられたからです。中小企業製品には欠陥が多いかというと必ずしも欠陥が多いわけではないし、製品事故によるダメージが会社にとって深刻なために、大企業よりも安全性について慎重に対応しているとも考えられるわけです。そうであれば、保険制度を考えたほうがよいのではないかということで、商工会議所を中心に、中小企業向けの製造物責任保険をつくるという話をし、製造物責任法の中小企業への適用除外はなく、一律適用ということになりました。

　また、不動産業界では、建設省も含めて、建物の欠陥を製造物責任法の対象に含めるかについて議論されました。製造物責任法上の「製造物」というのは加工された「動産」を想定していたことから、「不動産」はこれに含まないことになりました。ただ、欠陥建物の問題もありますから、不動産については別個に立法することになり、後の1999年に住宅品質確保法ができています。

　薬害エイズ事件を背景として、輸血用の血液と血液製剤の取扱いについては、最後まで議論が残りました。1980年代に、HIV（ヒト免疫不全ウイルス）の混入した血液製剤を投与された患者が、HIVに感染し、多くの死亡者が出るという事件があったばかりの頃でした。輸血用の生の血液は、加工されていないので「製造」物にはなりませんが、血液製剤は、製剤されたものが加工されて別の容器ないし袋に入れられるという点では加工された製品であり、製造物責任法が適用されると国民生活審議会では考えました。そのように最終報告を出して法案を国会に提出したところ、国会でも最後まで血液製剤を対象とするのかが議論されました。最終的には、国会でも血液製剤は対象とするということで決着しました。

7　製造物責任法、かくして成立

田口：製造物責任法は、そうした幾多の困難・紆余曲折を経て、いよいよ成立に至るわけですね。

及川：製造物責任法案は、細川内閣の最後の時期でしたが、1994年4月12日に閣議決定されて国会に提出され、国会会期の最終日である6月22日に参議院で可決され、成立しました。本当に、滑り込みで通ったという感じでした。結果的には全会一致で成立しています。このような社会的にも影響の大きい法律が全会一致で成立したことは、通常はあり得ないことだと思います。

　前にも話しましたが、法案成立のとき、私は国民生活センターの理事長を務めていました。法案の成立日は、ちょうど、国民生活センターにおける自動車テスト施設の完成披露式典の日でした。消費者団体を含めて多くの消費者問題の関係者が集まっていました。その式典の最中に、製造物責任法が国会を通ったという連絡が来ました。私は、皆さんに法案成立の報告をして、みんなで一緒に乾杯したことをはっきりと覚えています。私にとっては、消費者の権利の確立を目指してから、約20年かかり、やっとここまでこれたのかなという思いで、感慨無量な日でした。

8　製造物責任法の制定過程を振り返る

❶　経済企画庁による製造物責任法の企画立案

田口：製造物責任法の条文づくりは経済企画庁内で行ったわけですが、この点について何か議論はありましたか。

及川：製造物責任法には、「消費者」という文言が1つも出てこないのに、なぜ消費者法なのかと聞かれることがあります。実際、消費者・事業者を問わずに製造物責任法は適用されます。製造物責任法は、事業者が購入した材

料であっても、欠陥があれば、購入した事業者は、そのメーカーの事業者に責任追及できるわけです。

　そうなると、この法律を立案するのは経済企画庁でよいのか、法務省ではないのかという議論が、法務省の法制審議会でもされました。しかし、最も影響するのは消費者ということ、そして、国民生活審議会で各省庁代表者も含めて長い間しっかりと議論をしていたことなどから、経済企画庁で法律を企画立案することについて、結局、どこからも疑問や反対意見は出されませんでした。また、製造物責任制度は、国会でも自民党でも、議論はすべて消費者関係部門で行っていましたし、海外でも消費者関連法として扱われていたということもあるでしょうね。

　製造物責任法の条文に「消費者」という文字はありませんが、この法律が制定されたことにより、消費者の安全の権利が、事実条確立されたといってよいでしょう。

❷　特別研究委員会による「中間覚書」の意義

田口：法制定までは約20年に及ぶいばらの道であったわけですが、振り返ってみると、1974年の特別研究委員会による「中間覚書」、タイトルでは大変ご苦労があったということですが、これがそもそものスタートであり、大きな意味をもったといってよいでしょうね。

及川：私はそう思います。あのとき、報告を発表せずにボツにしていたら、国民生活審議会で議論されることはなかったかもしれません。ですから、あの中間覚書が、製造物責任法成立への始点でした。そのスタート時点で、経済企画庁幹部が各方面への波紋を非常に心配するということは、当然であったと思います。

❸　法律学者のかかわり

及川：国民生活審議会の委員として、製造物責任法の必要性を最初に強く主張されたのは、竹内昭夫先生でした。竹内先生の推薦により、加藤一郎先生

は、国民生活審議会消費者救済特別研究委員会の座長に就任されました。この特別研究委員会でも、竹内先生は、議論をリードされました。竹内先生は、病気で早く引退されましたが、加藤先生はそれから約20年後の1993年に、第14次国民生活審議会の会長として、製造物責任法の最終報告（「製造物責任制度を中心とした総合的な消費者被害防止・救済の在り方について（意見）」）をとりまとめられました。私は、当時、審議会の委員で、国民生活センターの理事長でした。このように、最初から最後までを通して製造物責任法制定に関係したのは加藤先生と私の2人だけだったといえるのかもしれません。

田口：加藤先生も、製造物責任法が制定されたときには感慨深かったのではないでしょうか。

及川：感慨深かったと思います。民法の不法行為制度の大原則であった過失責任主義から、無過失でも責任を負うという制度に変えた大転換であったわけです。特に、加藤先生は不法行為法の大家でしたから、特に感慨深かったのではないでしょうか。加藤先生の教え子の森嶌昭夫先生も、消費者政策部会の部会長をしておられましたが、この先生方には、特にお世話になりましたね。

❹ 製造物責任法の実効性をいかに確保するか

田口：製造物責任法の検討に際しては、この法律の実効性を確保するためには、民事ルールとしての製造物責任だけでなくて、それを取り巻く救済手続なども十分に手当てする必要があるということで、国民生活審議会でもセットで議論されました。最終局面の法制定時にも実効性確保策についての議論はあったのでしょうか。

及川：もちろん、いろいろな議論がありました。立証責任の問題とか「開発危険の抗弁」——製造物をその製造業者等が引き渡した時点での科学技術に関する知見では当該欠陥を発見できなかったことを製造業者等が証明した場合には、その後に発見された欠陥により被害が発生しても製造業者等は免責されるという考え方——の問題、事故原因究明機関の問題、さらにはADR

としてのPLセンターのあり方などを含めて、安全の権利実現の実効性の問題について随分と議論されました。

　ただ、私は、まずは、不法行為の過失責任主義を大転換することが非常に重要と考え、基本論をまとめるということに最も精力を注ぎました。そういったこともあり、条文も6条だけになりました。そうして、どうにか日本の製造物責任法が日の目をみたということです。

❺　濫訴は起こったか

田口：製造物責任法が施行されて、今日までで20年経ちます。施行後20年を振り返って、制定時に議論された濫訴論についてはどのように捉えていますか。

及川：製造物責任法に基づく訴訟件数をみても、濫訴は全くないといってよいと思います。

田口：消費者庁がホームページでPL法関連訴訟の一覧を掲載していますが、20年間で和解分を含めて約400件、年間約20件といったところでしょうか。

及川：そうですね。もともと、濫訴はほとんどないとは思っていましたけれども、その想定よりも少ないという印象です。しかも、訴訟の中身は非常に軽微なものが多いという印象を受けています。例えば、訴訟の第1号は、「お茶の紙パックを開ける際に、指先に傷を負った」という訴訟額91万円の案件でした。これは、製造物責任法は、基本的には裁判の際に消費者が製造業者等に損害賠償を請求するための規範（ルール）ですが、この裁判規範が、欠陥製品をつくって損害賠償請求されたら大変だから、欠陥製品はつくらないようにしようという事業者の行為規範になり、有効に作用しているからではないかと思います。

❻　残された課題

田口：法制定時には推定規定を明記すべきとか、開発危険の抗弁は不要ではないかとか、いろいろな議論がありましたが、施行後20年経ってみてどう思

われますか。

及川：開発危険の抗弁や、時効期間、立証責任の軽減などの問題が残された大きなテーマであるといわれていたのですが、私は、製造物責任法は現状でも相当有効に働いていると理解しています。一部の人は、修正すべきという強い意見をもっているようですけれども、私は、しばらくはこのままでもよいのではないかと思っています。今、議論になっている民法の大改正でも、製造物責任法には触れられていませんので、現在の製造物責任法は、民事法体系上も、確立され、定着したルールになってきたのではないかなと思っています。

❼ 約350万筆の署名という武器

田口：製造物責任法案は、細川総理が退陣表明した直後に閣議決定されて国会に提出され、続く羽田内閣のときに成立しました。非自民党政権の最終場面で何とか成立したという政治状況も、この製造物責任法の制定には深くかかわっていると思いますが、国会で自民党も含めた全会一致で可決・成立に至ったことは、非常に意義深いと思いますね。

及川：そうですね。製造物責任法を一番深く議論したのは自民党政権時代でした。自民党には、そのための小委員会まで設けられて、非常に徹底した議論がなされたと思うのです。自民党にとっての問題は国民的合意という点だけでしたから、国民的合意という点を除けば、法律の中身自体については自民党もむしろ賛成であったのかもしれません。そして、国民的合意を得られていることの証明として、約350万筆の署名運動は、大きな武器になったのだろうと思います。

❽ 制定までの20年の意味

田口：製造物責任法については、よく、「制定までに20年もかかった」と表現されるのですが、この20年にもそれなりの意味があったのではないでしょうか。

法律は、素案を書くだけであれば、ごく短期間にできる。しかし、その法律は、国民的合意が形成されないと成立には至らない。その国民的合意を得ることこそに非常に労力が必要なわけです。製造物責任法制定までの20年間は、この国民的合意を形成していくための期間であったともいえるのではないでしょうか。

及川：そうですね。また、日本には、訴訟によらずに解決しようという国民性や、訴訟にしないで紛争を解決することで実際に円滑に機能している部分も多数あります。

　ただし、結果として、日本は、先進国の中でかなり遅く製造物責任法制を成立させることになりました。私は、国民的合意を得るのに20年もかかったのは私の力不足であったかもしれないと反省することがあります。製造物責任法の20年は、私にとっても勉強になる20年であったと思っています。

第9章 約款の適正化から生まれた消費者契約法

1 消費者契約法の制定までの経緯

❶ 約款法の必要性

田口：1994年に製造物責任法が制定されますと、消費者行政には、次に、消費者契約法の制定という大きな課題が出てきました。この消費者契約法制定の背景や実現までの道のりについて、おうかがいしたいと思います。

及川：消費者契約法の本格的な検討は、ご指摘のとおり、一般的には製造物責任法が成立した後に始まったのですけれども、前にも述べたように、経済企画庁内では、消費者契約法、中でも約款の問題については、サービスに関する消費者問題が国民生活審議会で検討された1973年あたりから議論していました。といいますのも、銀行業、保険業や旅行業などのサービスに関する消費者保護を議論していくと、結局、約款の問題が出てくるからです。約款の文字が小さくて読みにくく、意味もわかりにくいとか、事業者に有利な規定があるとか、そういう問題がこの国民生活審議会の中で議論されたのです。

　当時、多くの先進国では約款に関する規定がありましたけれども、日本の民法には、約款について規定が全くありませんでした。現在ようやく、民法改正に向けた議論の中で、約款の規定を新設しようということになっています。ただ、1973年頃にも、日本でも約款法をつくるべきではないかということを一部の学者が主張していましたし、その学者が国民生活審議会の中にも入っていました。消費者行政を担当していた私も、当然、そういう意識があり、契約法というよりは約款法という形で、議論を早く進める必要があると

考えていました。

❷ 10年の地ならし

及川：私は、国民生活審議会を担当する国民生活政策課長を務めている間、この約款法一般の問題も議論したいと思っていたのですが、製造物責任法制定における問題と同様に、大議論が必要になりますので、とりあえず、個別業種ごとに約款の問題を検討していくことにしました。

そこで、第8次国民生活審議会（1979年～1981年）では、旅行業、生命保険業、冠婚葬祭業、クレジットカード事業などの7つの業種を選んで、2年かけて報告をまとめました。

その次の第9次国民生活審議会（1982年～1984年）では、宿泊業や損害保険業などの5業種の約款問題を議論し、第11次国民生活審議会（1986年～1988年）でも、有料老人ホームやスポーツクラブなど4業種の約款問題を検討しました。

いうなれば、この第8次から第11次までの6年～7年の間、（第10次を除いて）国民生活審議会は、約款の問題にかかりっきりであったといえます。個別業種ごとに業界代表者に出席してもらい、約款内容について具体的に議論をして、改正点を「報告」としてまとめて公表し、それを受けて各業界が約款を改定していきました。消費者被害を予防する点で、それなりの効果があったと思います。また、各次の報告では、根本的には約款の一般通則のようなもの——一般約款法のようなもの——を制定することが長期的課題として求められるというような趣旨が、それぞれに書き込まれています。

ですから、約款法は、国民生活審議会では、すでに10年程度かけて議論していたテーマであったのです。ただ、その途中で消費者の安全の問題が重要課題となってきたので、国民生活審議会では、まず製造物責任法の問題を審議し、製造物責任法が成立するということになったわけです。

❸ 動き出した約款の議論──第14次国民生活審議会

及川：製造物責任法成立後の第14次国民生活審議会（1992年～1994年）では、再び約款の議論が動き出します。

　第14次国民生活審議会では、政治・社会の全体の動きが市場メカニズム重視の経済社会システムへ転換され、また、規制緩和と自己責任が重視されるように大きく変わってきたことから、これを機に今後の消費者行政のあり方を検討するため、消費者政策部会の下に消費者行政問題検討委員会を設置して、消費者行政全般について議論しました。その中で、消費者取引を適正化するために、消費者への情報提供の問題、約款条項の内容規制の問題、事前規制から事後規制への転換というような、その後、重要な課題になるテーマを包括的に議論しました。

❹ 消費者取引の適正化の議論──第15次国民生活審議会

及川：次の第15次国民生活審議会（1995年～1997年）では、規制緩和の中において消費者が適切な選択を確保できるようにするための環境整備を行う必要性を考えて、消費者取引の適正化のための問題点を議論しました。ここでは、約款の問題だけでなく、契約締結過程の問題も取り上げられました。それまでは、約款の問題だけを議論していたのですけれども、ここで初めて契約締結過程の議論が出てきたのです。ここから、今の消費者契約法の枠組みの議論が始まったといってよいと思いますね。その背景には、消費者からの苦情相談の8割くらいを、契約締結過程のトラブルが占めるようになっていたということがあります。

　この契約締結過程の問題は、実は業界でもあまりルール化されていませんでした。議論の中で、個別業法で規制しても、業法から外れる新しい業種や販売方法が出てきますので、やはり一般ルールを定めて、そのルールに基づいて事後チェックをするというしくみに切り替えていくべきではないかという方向性がみえてきました。

その結果、消費者取引の適正化のために、契約締結過程の問題、契約条項（約款）の問題、紛争解決と救済の問題、消費者教育の問題という、主に4項目くらいの新しい方策を検討しようということが、第15次国民生活審議会の1996年12月の消費者政策部会報告（「消費者取引の適正化に向けて」）に盛り込まれました。

❺ 「消費者契約法」立法化の議論──第16次・第17次国民生活審議会

及川：そして、迎えた第16次国民生活審議会（1997年～1999年）において、いよいよ立法化の議論が始まりました。ここで消費者契約法という名称が、初めて出てくることになります。具体的な内容は、消費者政策部会の中間報告「消費者契約法（仮称）の具体的内容について」（1998年1月）として公表され、最終の部会報告（1999年1月）では、「消費者契約法（仮称）の制定に向けて」と題して、立法への具体的内容が提案されました。

田口：部会の検討過程では、この法律の名称も少しずつ変わってきましたね。契約締結過程の議論が出てきた第15次国民生活審議会より前は、「約款適正化法」でした。

及川：そうですね。

田口：それが第15次国民生活審議会あたりでは、「消費者契約適正化法」。しかし、「適正化」というと規制法的な色彩が強いということなどもあって、第16次国民生活審議会では、包括的な民事ルールにふさわしい「消費者契約法」という現在の名称が使われるようになりました。

及川：約款規制に関する法律は諸外国ではすでに制定されていましたが、契約締結過程のルール、今の消費者契約法の4条～7条にあるようなルールを法律上で定めるのは、世界で初めてでした。ですから、消費者契約法の議論に関しては、世界の状況を参考にしながら法律を考えるのではなくて、わが国の消費者の実情を踏まえて一般ルールを定めようとするものであったことが特徴的であろうと思います。

第16次の国民生活審議会では、消費者契約法の内容はほとんどまとまったのですが、少し理想的なルールを提案したものですから、産業界や産業官庁からの反発がありました。

そこで、業界を含めて理解が得られるような条項にしようということで、もう1年、議論を継続しました。結局、最終的に報告（「消費者契約法（仮称）の立法に当たって」）がまとまったのは1999年12月、第17次国民生活審議会（1999年～2001年）でした。

❻ 民主党案の国会提出

及川：第17次国民生活審議会の最終報告が出たら、最後の調整をして消費者契約法の政府案を国会に提出しようというタイミングで、なんと民主党が先に国会に法律案を提出しました。民主党が結党されて、そう時間が経ってない時期でした。生活者のための党だと謳っていたからでしょうか、民主党は消費者契約法案を、第146回国会も終わりに近い、1999年12月に国会に提出したのです。国民生活審議会の最終報告が出る直前です。

民主党案は国民生活審議会の最終報告の内容と若干違っていました。例えば、契約締結過程に生じた事由で取消しを認める規定があるということは同じでも、民主党案では、取消しができるのは、適切な情報提供がない場合、不実告知があった場合、威迫があった場合、困惑があった場合などと抽象的に書かれており、最後には、具体的なことは総理大臣が定める、というように規定されていました。これに対し、国民生活審議会の最終報告では、具体的な場合が規定されていました。また、契約条項を無効にするという規定についても、民主党案では、無効にされる場合を具体的に定めずに、信義誠実の原則に反して消費者に不当に不利益な条項は無効とすると記載され、具体的には政令で定めるというような規定の仕方でした。早く国会に提出したいという民主党の意向で、あいまいな内容のまま法律案を国会に提出したのだろうと思います。

ただ、この民主党案が、相当幅広く取消条項や無効条項を定めていたこと

第9章 約款の適正化から生まれた消費者契約法

は、政府案を固めるにあたって、むしろ好影響であったかもしれないと思っています。民主党がそこまで広く消費者保護を図るような法律案を提出するのであれば、政府案もあまり緩やかな内容にはできないという意識が生まれました。

❼ 適用除外をめぐる攻防、そして成立へ

及川：消費者契約法の制定過程では、いろいろな業界から、適用除外の陳情がありました。例えば、宅地建物取引業界からは、最後まで陳情がありました。宅地建物取引業法があり、「取引の際は、重要事項の説明等も含めてかなり厳しく自主規制しているから、消費者契約法の適用除外にしてもらいたい」ということでした。もちろん、これに対しては、適用除外の業種をつくれば、消費者契約における一般ルールとしての意味がなくなりますから、個別の規制法の有無や業種・業態に関係なく全部適用することを、最後まで貫き通しました。

私は、当時、国民生活審議会消費者政策部会の部会長代理を務めていたものですから、随分と陳情がありました。

最後の最後に、日本放送協会（NHK）の幹部が何回も私のところへ来ました。NHKとの受信契約は消費者契約法の適用除外であることをはっきり言明してもらいたいというのです。NHKは、消費者契約法を適用されると何か問題があると考えたらしいですね。それに対して私は、「NHKとの受信契約は、公契約なのですか」と尋ねました。さらに、「もしそうするのであれば、民事の問題ではなくなりますから、消費者契約法が適用されない可能性はあるかもしれない。ただ、地方公共団体が行う上水道契約にも消費者契約法が適用されるわけですから、単に公共団体との契約であるからというだけでは、消費者契約法の適用がないということにはなりませんよ」ということを説明して、納得してもらったことがあります。

適用除外の議論は、国民生活審議会でも随分と議論しましたが、結局、すべてに適用するということで、今の消費者契約法が成立したわけです。

民主党案や野党修正案も国会に提出されていましたけれども、最終的には取り下げられて政府の消費者契約法案に一本化され、2000年4月28日に、それまでの消費者関連法と同じく、全会一致で可決され成立しました。

2　消費者契約法の内容

❶　契約締結過程に関するルール

田口：消費者契約法の政府案は、関係各方面との調整を済ませて、2000年3月7日に閣議決定されて、同日、国会に提出されました。この法案のポイントをお話いただきたいのですが、まず契約締結過程に関するルールについてお願いします。

及川：消費者契約法では、契約締結過程に関し、大きく分けて、誤認による取消しと困惑による取消しという2つの類型が規定されています。

まず、誤認による取消しは、契約の前提となる重要な事項について、事業者の不適切な対応によって消費者が誤って理解していた場合に取り消せるというものです。この誤認による取消しとして、3つの場合が規定されています。1つ目は、不実告知。事実でないことを告げるというものです。2つ目は、不利益事実の不告知。不利益なことがわかっているのに教えないというものです。3つ目は、断定的判断の提供。儲かるかどうかわからないのに、「絶対儲かります」と言うような場合です。

もう1つの類型は、困惑による取消しです。もともとは威迫・困惑による取消しとされていましたが、威迫という言葉と、民法にもすでに規定のある「強迫」という言葉は何が違うのかという議論もありまして、結局、威迫による取消しは規定化されませんでした。この困惑による取消しについては、不退去と監禁という2つの場合に限定されました。不退去による困惑とは、例えば、事業者が消費者の家に物を売りに来て、長時間居座って帰らないことで、消費者が困惑して契約した場合です。監禁による困惑とは、例えば、

第9章　約款の適正化から生まれた消費者契約法

事業者の店舗に消費者が行ったところ、帰りたいと言っても帰してくれず、監禁状態になり、困惑して契約してしまったというような場合です。

❷ 契約条項に関するルール

田口：もう1つの規定群である契約条項に関するルールはどのようなものでしょうか。

及川：約款との関係で、消費者に不当に不利益な条項は無効にするという規定が定められています。これについては、不当に不利益な条項とはどういう意味か、という議論があったことを受けて、条文の中で列挙されることになりました。例えば、事業者の損害賠償責任を全面的に免除するような条項（消費者契約法8条1項1号）や、実際の損害額を超えるような高額な損害賠償を予定する条項（同法9条1号）などです。それでも、列挙事項が足りない、という意見もありました。もう1つ、最終段階で、民法の大原則である信義誠実の原則に反するような消費者に不当な不利益な条項は無効にするという条文が入りました（同法10条）。民法の規定とは別個に、消費者契約法において、信義誠実の原則に反し消費者の利益を一方的に害する条項は無効とする、と規定したことで、契約条項が無効とされる範囲が、民法上の信義誠実の原則によって無効とされる場合よりも広くなりました。この規定は、多くの人から評価されました。

3　消費者契約法制定の意義

田口：消費者契約法が制定されたことの意義は、どのように捉えていますか。

及川：消費者契約法の制定によって、消費者の知らされる権利が、事実上、認められたことになると思います。本当のことを知らされなければ、消費者には取り消す権利があるということですから、事業者は真実を消費者に知らせる義務が生じます。それは、消費者側からみれば、知らされる権利と表現してもよいと思われるからです。

消費者と事業者が対等である権利についても、条文上、消費者契約法に規定されたわけではありませんが、この消費者契約法で相当程度確立されたと思います。約款契約において、約款の条項が消費者に不当に不利益な場合には無効とされるわけですからね。

　製造物責任法が、安全の権利を消費者に保障したということをお話しましたが、この消費者契約法も、消費者の知らされる権利、消費者と事業者が対等である権利を事実上確立したという意味で、製造物責任法と並んで画期的な法律といえると思います。

田口：消費者契約法は、『六法全書』（有斐閣）でも、憲法・民法・商法などの六法に準じるランクの重要な法律として扱われています。知らされる権利とか選ぶ権利という消費者の一般的な権利をより具体化する法律と捉えてよいのでしょうね。

及川：ええ、そう思います。

4　残された課題

❶　消費者被害救済の実効性の確保に向けた総合的な検討

田口：消費者契約法の制定は、大きな成果ですが、一方で課題としてはどのようなものがあるとお考えですか。

及川：消費者契約法の審議の過程で、私が何回も主張したものの、認められなかった点がいくつかあります。主なものとして、消費者契約法の実効性の確保をどのように図るのかという点です。

　私は、労働法などと同じように、消費者法も民事法ルールだけではなくて、その実効性を確保するために、例えば行政法的な対応ができないかということを提案していました。契約締結過程の問題にしても、約款の問題にしても、苦情相談を通して一番先に問題を把握するのは消費生活センターや国民生活センターなのですから、行政が問題を把握したら、民事的な対応だけではな

く特定商取引法と同じような行政措置もとれるような制度設計をしたらどうかということです。例えば、事業者に勧告・指示をし、それでも従わない場合は事業者名を公表したり刑事罰を科すことも、実効性確保のために必要ではないかと考えています。

　また、契約法そのものではありませんが、消費者契約をめぐる損害賠償の実効性を確保する観点から、訴訟制度について、団体訴訟という形態を検討すべきであると考えていました。一般的に、現代の消費者被害は、多人数・少額被害のものが非常に多くなっています。合計すれば事業者には大きな金額ですが、一人ひとりの消費者にとっては少額ですから、弁護士に依頼して裁判を起こすなどまではなかなかせず、集団的に訴訟を起こすしくみがなければ、事実上、事業者による「やり得」になってしまいます。団体訴訟制度の創設については随分と主張しましたが、国民生活審議会の中では、確かに団体訴訟制度は必要であるけれども、「団体」という被害者でない者が原告になって訴訟を遂行するという点で、当事者が訴訟を遂行する現行民事訴訟法の原則を変更することになるため、すぐには難しいという意見がありました。

田口：そのときに議論された団体訴訟や行政の対応など消費者被害救済の実効性を確保するための方策については、課題として引き継がれ、現在の消費者団体訴訟制度や消費者裁判手続特例法の議論につながっていきましたね。

及川：はい、その通りです。それらの課題は、消費者契約法成立時に、国会の附帯決議によって、政府に対して検討が求められました。団体訴訟制度の検討については、国民生活審議会の場で行われて、6年後の2006年、消費者契約法が改正されて団体訴訟制度が導入されました。この団体訴訟は、適格消費者団体という、一定の適格性が認定された消費者団体に、不当な勧誘や不当な契約条項に対する差止請求権を与えるものです。

　私は、団体訴訟制度の導入自体は評価すべきと思うのですが、差止めを一番最初にするべきは、やはり行政ではないかと考えています。消費生活センターを通じて、行政が一番先に情報を手に入れるわけですからね。実際、行

政が差し止める前に、なぜ適格消費者団体に訴訟をさせるのか、という議論もありました。また、差止請求訴訟は、適格消費者団体にとっては、経費ばかりかかって収入は入ってこないということもあります。それでも、今、12ほどの消費者団体が名乗りを上げて、団体訴訟を担い、成果を上げています。

　この差止請求訴訟は、最初は消費者契約法に導入されたのですが、その後、景品表示法、特定商取引法などに拡大されていきました。

　次の問題は、差止請求訴訟だけではなくて、損害賠償請求訴訟をどうするかということです。

　損害賠償請求訴訟については、2013年に、消費者裁判手続特例法が成立しました。この団体訴訟の適格団体は、適格消費者団体の中から特定認定を受けた特定適格消費者団体が担うことになりました。この法律は、2016年12月までに施行されます。やっとそこまで来たのかな、と思いますね。

　他方、行政措置については遅れている感じを受けます。OECDの勧告（消費者の紛争解決及び救済に関するOECD理事会勧告（2007年））の中でも言及されていますが、行政措置については、先進国の中で、日本が一番遅れているのではないかと思います。例えば、外国では、行政が、被害を受けた消費者に代わって訴訟を起こす、行政代執行とか父権訴訟といわれているようなしくみをとっている国もありますし、行政が事業者に対して勧告・指示・公表し、課徴金を課すしくみを導入している国もあります。

　しかし、日本では非常に遅れていまして、個別業法には規定がありますけれども、一般法としてはまだありません。2014年に、課徴金制度が景品表示法に導入され、少しずつ前進はしていますが、実効性確保という面では、なお、検討すべきことが多いと思います。

　現在、消費者委員会が消費者契約法についてかなりの時間をかけて見直し、検討しています。その作業には非常に敬意を表しますが、やはり検討する観点が民事法に偏りすぎており、実効性の観点からは若干の問題がありそうな気がします。また、日本消費者法学会ができましたが、民事法の学者が中心でして、訴訟法や行政法、刑事法なども含めた、消費者被害救済・防止の実

効性を確保するための総合法制の観点からはほとんど議論されていません。私も設立された当初から会員でして、学会でも意見を申し上げているのですが、消費者保護を本当に実のあるものにするためには、総合法制的な観点からの検討がもっと進められる必要があると思っています。

私は約50年にわたり消費者問題にかかわってきましたが、30年近くかけて、やっと消費者の権利がある程度、確立されたと考えています。権利が確立された後の一番の問題は、その権利をどのようにして実現していくかという点です。私は、50年の消費者行政の歴史の流れに身を置く中で、消費者行政の重点は、現在、権利の拡張というよりも、権利の実効性の確保という点に移っているように感じています。

❷ 消費者取引をめぐる体系のあり方

田口：現在、進んでいる民法の改正議論においては、民法という基本法の中に消費者法を組み入れるという発想もありました。今回の民法改正案ではそのような発想は採用していませんが、仮に、民法の中に消費者法の内容を盛り込んでしまうと、今言われた実効性の確保策を組み入れにくくなるのではないでしょうか。

及川：消費者保護の基本的な考え方は、ある国では憲法に書いてあることもあります。また、消費者取引をめぐるルールについて、民法に入れている国もありますし、民法とは別個独立した特別法としての消費者法を制定している国もあります。私は消費者保護のルールを、すべて、民法の中に入れることには、必ずしも賛成ではなく、むしろ反対です。

基本的な考え方を入れることは当然あってよいですし、場合によっては憲法に入れてもよいと思います。

しかし、すべてを民法に入れ込むということは、消費者にとっては、必ずしも利益にはならないのではないかと考えています。

というのは、ご存知の通り、民法の改正は、法制審議会で時間をかけて総合的な議論をしたうえで行われます。極端な話、何十年に1回という頻度で

の改正ということになるかもしれません。しかし、消費者政策や消費生活を取り巻く環境は、非常に速く・大きく変化しますから、法律であれ行政であれ、機動的に対応していく必要があります。

ですから、環境の変化に機動的に対応できるよう、民法から離れて、特別法としての消費者保護法制が独立してあったほうが、消費者の利益にかなうのではないかと考えています。

私は、長い行政経験の中で、法制度の体系の議論以上に、実態として消費者の利益にかなうかどうかということを重視してきました。また、政治や行政は、強者よりは弱者のためにこそ、しっかりとルールをつくるべきであると考えています。実際、外国でも、憲法や民法の中に消費者保護の理念が書かれていても、それぞれ独立して消費者保護体制・消費者行政があるところもあります。今回の民法の改正法案でも、基本の理念や考え方については、民法に規定されてもよいかもしれませんが、具体的な内容については、特別法に委ねるというしくみのほうがよいのではないかと思います。

田口：基本的には消費者法典というような形で、民事的なルールも、その実効性を確保するための行政的措置や刑事的な対応なども含め、消費者の権利を実現し守るための法体系として1つにまとめたほうが機動的であるし、実効性にも資するということですね。

及川：私は、そう考えています。1つのモデルは、労働法典ではないのかなと思います。日本では、労働三法、すなわち労働基準法、労働組合法、労働関係調整法があります。これらは、契約自由の原則によれば労働者と使用者が対等・自由であるにもかかわらず、実態をみると対等・自由ではないことからつくられたものです。労働法体系の中には当然、民事ルールの規定がありますが、それだけではなく、労働法体系独自の紛争解決機関である労働委員会についての規定もありますし、法規定に違反した場合についての行政的な措置や刑事罰についての規定もあります。それが1つのモデルになるのではないかと考えています。

消費者法体系についても、労働法体系と同じように、実態として消費者と

事業者が対等ではないことからつくられてきたものです。ですから、労働法体系のモデルを参考にしながら、民事法のみならず、行政法や刑事法などを含めた総合的な法体系があってしかるべきではないでしょうか。そして、それはなんら民法を侵すわけでも、憲法に反するものでもないのです。

　現在、消費者法の分野において、民事ルールとしての研究や議論は、かなり進んでいます。また、業界ごとの個別の行政法の対応も、非常に進んでいます。しかし、それらを統括した消費者行政法、消費者刑事法や裁判手続法は遅れていると感じています。そこが、今後の大きな課題だと思います。

第10章 対立する意見をまとめ、消費者の権利を宣明した消費者基本法

1 消費者保護基本法から消費者基本法へ

❶ 制定の背景

田口：消費者契約法がちょうど2000年に成立し、21世紀という新たな時代に入っていきます。21世紀に入りますと、インターネットが急速に普及し、消費者を取り巻く時代状況が大きく変わってきました。そのような新しい時代の消費者政策へ転換することが大きな課題となってきたと思います。この新しい時代の消費者政策の大枠を定めたのが、消費者基本法の制定であったと思いますが、及川さんはこの消費者基本法の制定過程に、どのようにかかわってこられたのでしょうか。

及川：これまでお話してきた通り、消費者保護基本法では消費者の権利が認められていませんでした。私は、消費者保護基本法を消費者基本法へ改正するまでの40年間、消費者の権利をどのように日本で確立するかということを中心的なテーマに据えて、ずっと消費者行政にかかわってきました。製造物責任法が制定されて、消費者にとっての安全の権利というものが事実上認められ、消費者契約法が制定されて、知らされる権利などが事実上認められました。

　この時期になると、消費者の権利を正面から認めた基本法へ改正する時期になってきたのではないかと思うようになりました。いわば、とうとう目の前に本丸が見えてきたという感覚です。消費者は、権利を持たずに「保護」される対象ではなく、権利を持ち自立する存在に転換しなければならないと

考え、国民生活審議会の消費者保護部会を消費者政策部会へ改称したように、消費者保護基本法についても、「保護」の字を消して、消費者基本法にしてはどうか、ということを考えていました。消費者保護基本法改正、すなわち消費者基本法の制定というのは、消費者の権利の明確化と、その権利を擁護する消費者行政への転換だと思ったわけです。これは第18次国民生活審議会（2002年～2004年）で議論され、消費者政策部会の「21世紀型の消費者政策の在り方について」としてとりまとめられました。

❷ 権利派と自立派の対立

田口：議論としては、消費者は「保護か、それとも自立か」という、消費者政策が前提とする消費者像の問題と、もう一方で、消費者の権利を何らかの形で法律に明記すべきという権利論の問題とがあります。両者は、論点としては、一見違うのですが、議論していくと両方がオーバーラップしてくるわけですね。まさに表と裏のような感じですが、そこは当初から意識されていた問題なのでしょうか。

及川：私自身としては、消費者の「権利」ということを前面に出すと、事業者側から強く反発されて、なかなか議論が進まないだろうと考えていました。そのため、事実上は消費者の権利の確立を目指しつつ、初めは消費者の自立ということを前面に出して議論を進めながら、ある時期にきたら消費者の権利を前面に出す、ということを目指していたのです。しかし、消費者の自立があって初めて消費者の権利があるのだと考える人たちと、消費者の権利が先にあってこそ消費者は自立するのだと考える人たちと、基本スタンスでは、やはり対立がありました。

　その対立をどのように調和させるかということで、私も国民生活審議会で苦労しました。私は、先に述べたように、当初、「保護から自立へ」と唱えていましたけれども、消費者の権利を表に出して議論をする時代に情勢が変わってきたと感じました。

田口：国民生活審議会の議論では、表面上は権利派と自立派が対立する構図

で議論が進められたように思われます。権利派は、まずは消費者の権利を明記すべきである、という考え方で、主に消費者団体・弁護士会等の考え方ですね。他方、自立派は、規制緩和・情報化の進展など消費者を取り巻く環境が大きく変わったのだから、いつまでも「保護される消費者」というのではなく、まずは消費者自身がきちんと自主的に情報を入手して自立できるようにするべきであるという考え方ですね。権利派からすると、消費者自立論は、いわば消費者を裸でマーケットに放り出すようなもので、消費者行政の後退につながると主張しますし、自立派は、消費者に権利をというのならば自立が前提だと主張するわけですね。

及川：はい。どちらかといえば、私は当初から消費者の権利派でした。私は、自立派に対して、権利があるから自立するのであり、相対立するものではないと説明しました。ただ、理念として、消費者の権利があるから自立するのか、それとも、消費者が自立して賢くなる結果として権利を取得するのかという点では対立し、最終的には、どちらが先かという順番のような議論になるわけです。この自立派と権利派の議論は、消費者保護基本法を改正して消費者基本法を制定する過程において、最後まで国会で議論されたテーマです。

❸ 自民党案の内容

及川：消費者保護基本法は議員立法でしたので、改正するのも政府提案ではなく議員立法にしたほうがよいということになりました。第18次国民生活審議会が、消費者保護基本法の改正について中間報告を出したのが2002年12月、そして最終報告を出したのは2003年5月です。その翌々月の7月には自民党が「消費者問題に関するプロジェクトチーム」を設置し、改正案の検討を始めました。現在、外務大臣を務める岸田文雄氏が座長でした。自民党は、自立派が多数を占めていましたから、2004年2月に出された「消費者保護基本法改正法案の骨子」は消費者の自立の支援を中心に展開されています。消費者の権利については、権利の濫用を懸念して、消費者の権利を前面に立てるのではなく、消費者の自立を支援する施策の中で、理念的に消費者の権利に

言及するという程度にとどめられていました。また、自立する消費者には消費者としての責任があるということで、消費者の責務を基本法の中に明定するものでした。

❹ 公明党案を軸にとりまとめられた与党案

及川：当時、自民党と公明党は連立与党を組んでいました。公明党もプロジェクトチームをつくって、ほぼ同じ時期、2004年2月に公明党案の「骨子」を出しました。これは自民党案とは異なり、権利派の内容でした。公明党は、結党当時から消費者の党、生活者の党などと謳って、生活者のためにさまざまな提案をして国会で活動していました。その公明党がここにきて、消費者の権利を前面に出した「骨子」をまとめたわけです。「骨子」は、消費者を保護の対象から権利の主体に変える点を基本にしており、1条の目的規定の中に消費者の権利を定めるものでした。そして、政策の基本理念を、消費者の権利の尊重と消費者の自立の支援としました。自民党案では、事業者の責務と並んで、消費者の責務が書かれていましたが、公明党案では、消費者に「責務」を負わせるのはおかしいという考えに基づいていました。事業者と消費者は対等ではないのであり、対等でない者に事業者と同じ責務を負わせるのはおかしい、したがって、消費者に求められるのは、「責務」ではなく「役割」でよいという考え方です。連立で与党を組んでいる公明党がこのように主張するものですから、自民党と公明党の調整の結果で、「消費者は、……するよう努めなければならない」という表現となり、あえて「責務」とも「役割」ともしないことになりました。また、公明党は、政府により決定される消費者政策は、自民党が考えていた「大綱」という抽象的なものではなくて、もっと具体的に政策を記した「消費者基本計画」というものにすべきであると主張しました。

この自民党案・公明党案をもとに議論がなされた結果、2004年3月に、公明党案を軸にして与党案がまとまりました。消費者の権利を前面に出す内容です。消費者政策の理念を、消費者の権利の尊重と自立の支援に置き、消費

者政策会議において具体的な消費者政策を記した消費者基本計画案が策定され、政府が決定することになりました。公明党は本当によく頑張ったと思いますね。

❺　自立派の反論を解決した共通見出し

田口：与党による消費者保護基本法改正案は、消費者の権利を尊重するとともに、消費者が自立できるように支援すること、その両者を消費者政策の基本理念として打ち出したわけですが、これに伴い、消費者の自立に向けた行動を「責務」として捉えるのか、それとも旧基本法と同じ「役割」にとどめるのか、その位置づけをどう表現するのかということが、政治的には大変難しい問題として残りましたね。自立派は「役割」では到底納得しませんでしたから。

及川：そうです。与党の法案は、自立派の反論を政治的に上手く解決したな、と思いましたね。条文の中でも、消費者基本法の５条には、「事業者の責務等」と見出しが付され、事業者の責務が規定されています。しかし、消費者について規定する７条には、見出しがありません。「責務」であるか「役割」であるか、よくわからないままになっているのです。

田口：共通見出しという手法で乗り越えたわけですね。通常、法律の条文には各条ごとに見出しが付きます。しかし、いくつかの条文をまとめて共通見出しとする方法もあります。その方法を使って、事業者・事業者団体・消費者・消費者団体について規定した５条～８条をまとめた共通見出しとして、５条に「事業者の責務等」という見出しを付けたのですね。５条の「事業者の責務等」という共通見出しの中の「等」によって、６条・７条・８条の内容もカバーしているということにしたわけです。

❻　与野党協議を経て成立へ

及川：野党で権利派であった民主党も2004年４月に法案を国会に提出しました。与党案との最大の違いは、消費者の権利を、６つではなくて８つにした

点です。消費者の6つの権利（安全の確保、選択の機会の確保、必要な情報の提供、教育の機会の確保、消費者の意見の反映、消費者被害の救済の各権利）の次に、消費生活の基本的な需要が満たされる権利と、健全な環境の中で消費生活を営む権利の2つを加えて8つとした改正法案を提出しました。権利派の内容ですから、消費者については、「責務」ではなく、「役割」と規定されていました。共産党も改正法案の「大綱」を公表しました。

こうした状況を受けて、与野党協議が開かれました。

与野党の協議における与党案の最大の修正点は、やはり消費者の権利の箇所です。与党案において消費者の権利は6つとされていたのに対し、民主党案で付け加えられていた2つの権利についてどう扱うかが最大の焦点でした。

最終的には、6つの権利を規定する前に、「国民の消費生活における基本的な需要が満たされ、その健全な生活環境が確保される中で」、これこれの6つの権利がある、という書き方をすることで、あわせて8つの権利の内容を盛り込む形に落ち着きました。

このように、最終的には民主党案も一部取り入れたうえで、衆議院の内閣委員長の提案として改正法案が提出され、衆議院・参議院とも全会一致で可決され成立しました（2004年5月26日）。

2　消費者基本法の制定を振り返る

❶　消費者基本法が規定する消費者の権利

及川：田口教授におうかがいしたいのですけれども、新しい消費者基本法の2条1項の規定を受けて、日弁連やその他の団体が、消費者基本法で8つの権利が明定されたと主張しています。しかし、私はどのように法文を読んでも、消費者の権利として書いたのではなく、権利の前提みたいなことを述べたうえで6つの権利を規定しているとしか理解できないのです。消費者庁も、そう解説していると思います。田口教授自身は、8つの権利か、6つの権利

か、どう考えていますか。

田口：私は、8つと考えるか、それとも6つと考えるかは、権利の性格の捉え方の違いによる面が大きいと思います。

まず、国際消費者機構（CI）では、消費者の8つの権利を提唱し、それが国際的に定着していることから、その中で与党案になかった2つの権利——生活の基本的な需要が満たされる権利と、健全な生活環境が確保される権利——を加えて、現在の条文ができたと考えると、8つの権利と考えられるのでしょう。

しかし、追加された2つの権利は、他の6つの消費者の権利とはかなり性格が違います。国際消費者機構は、先進国だけでなく発展途上国の状況なども踏まえて、この2つの権利を消費者の権利と掲げていますから、先進国であるわが国において、消費者の6つの権利にさらにこの2つを加える必要性は少ないとも思われます。このため、追加された2つは、規定上も「国民の消費生活における基本的な需要が満たされ、その健全な生活環境が確保される中で、」というように、他の6つの権利とは少し異なる規定の仕方、いわば背景事情的な書き方がされているわけです。そうした点を踏まえれば、消費者の権利としては6つだと捉えられるのではないかと思います。

及川：私もそう思います。消費者基本法の体系をみても、付加された2つに対応する政策項目がないのです。6つの権利については、それぞれに対応する政策内容がありますが、付加された2つの権利についてはありません。消費者行政上の政策対応事項ではないといえます。したがって、行政的には6つの権利として捉えられるものの、政治的には8つの権利という人もいるのだと、私は理解しています。

田口：そうですね。そのような理解が消費者庁が編集している『ハンドブック消費者2014』8頁の図（次頁参照）にも示されていると考えられます。この図では、6つの権利が並んでいて、その上に、「・消費生活における基本的需要が満たされ、」「・健全な生活環境が確保される中で、」と書かれており、6つの権利とは位置づけが異なっています。この問題は、基本的には権

第10章　対立する意見をまとめ、消費者の権利を宣明した消費者基本法

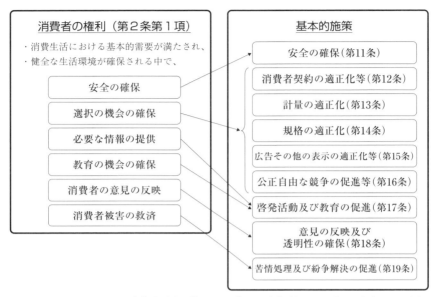

消費者庁編『ハンドブック消費者2014』（2014年）8頁より

利の性格をどう理解するかというところに帰着するのではないかと思います。消費者の権利の基本は、すでにお話にありましたように、ケネディの4つの権利にルーツがあります（第1章3❷参照）。ケネディの4つの権利は、それらが権利だと宣言したことも重要ですけれども、それ以上に重要なことは、そうした権利を実現することは連邦政府の責任であると付け加えたことです。その考え方がこの消費者基本法の体系にもつながっていて、消費者の権利として掲げられたことを、基本的施策を通じて実現するという組み立てになっています。例えば、安全の権利を、消費者基本法11条の安全の確保のための施策によって実現する、選択の権利を12条から16条までの施策によって実現する、というような形で、消費者の権利とその権利を実現する基本的施策とがリンクしているわけです。

　そう考えると、先ほどの基本的需要が満たされるとか、健全な生活環境が確保されるという点については、消費者基本法の中で、それを担保する施策

の規定はありませんから、消費者の権利としては6つだと理解するのが妥当ということになります。

このように、消費者基本法で認められている権利が6つなのか8つなのかという議論の本質は、消費者の権利はどのように実現されると考えているのか、という点の違いによるのではないかと思います。

及川：私も同じような意見です。この消費者基本法ができたことで、消費者の権利の確立を追求し続けてきた私としては、やっと本丸が出来上がった、これでやっと新しい理念のもとでの21世紀型消費者政策が始まったと思いました。消費者基本法で認められた6つまたは8つの権利を拡充するというよりも、その権利を、どう実効性あるものにしていくかということが、その次に課された課題ではないかと思っています。

❷ 与野党協議における修正を経て得られたもの

田口：与野党の調整の結果、消費者の権利の尊重と消費者の自立の支援が消費者政策の基本理念であるということをより強く打ち出すために、「消費者の権利の尊重及びその自立の支援その他の基本理念」というフレーズが、3条・4条・5条などの条文に織り込まれました。

及川：そうですね。

田口：このような修正がなされたことにより、新しい消費者政策の基本理念が権利の尊重と自立の支援である、ということがより強く定着したのではないかと思います。

及川：そう思います。田口教授は、このときは内閣府大臣官房審議官ですか。

田口：はい。この消費者基本法は、議員立法ではありましたが、裏方として多少かかわらせていただきました。消費者基本法には、与党内の調整、与野党の調整という大きく2段階の調整がありました。それぞれの段階で、かなり大きな修正が加わりました。議員立法という性格が、とりまとめの過程でも色濃く出たのではないかと思います。

及川：そうですね。与党内調整、与野党調整の中で、相当前進した修正が行

われていきましたね。議員立法のあるべき姿の典型が、この消費者基本法への改正過程にあると思います。消費者関連法の諸立法はすべて全会一致で成立しています。消費者基本法が、国会議員の全員が一致できるような形で、いろいろ修正されて完成していくことは、非常に結構なことだと思います。

田口：この与党内調整や与野党調整を通じて、先ほど及川さんが言われたように、「保護から自立へ」という考え方をベースにすべきか、あるいは消費者の権利を正面から書くべきかという議論が、随分と出てきました。自民党は、消費者の自立支援を基本とし、公明党は消費者の権利の尊重と自立支援の２つを柱に据えていました。それに対して民主党は、「権利なくして自立なし」ということで、まず、何よりも消費者の権利を規定するという考え方でした。これらは消費者政策の基本理念に対する考え方の違いであり、突き詰めると相互にかなり距離があるわけですが、権利の尊重と自立の支援ということで合意に達することができました。こうして消費者政策の基本理念に対する意見を１つにまとめられたことが、その後の個別具体的な消費者政策の前進にも大きな役割を果たしたのではないかと思います。

❸ 消費者の「保護」は不要か

田口：この制定過程で権利派と自立派の対立という枠組みが表に出てきたわけですが、もう１つ隠れた議論として、従来の「保護」はどうなるのかという論点があったと思います。

　消費者保護基本法の「保護」が外れて消費者基本法になるのだから、「保護」はもうやめるのかと捉える向きが一部にありました。「権利も保護もというのではいいとこ取りだ」という議論です。しかし、消費者が権利の主体になったとしても、やはり保護が必要な分野はあります。決して、保護はもうしないということではありません。この議論の結論は、条文的には新しい消費者基本法２条２項に整理されたのではないかと思います。「消費者の自立の支援に当たつては、消費者の安全の確保等に関して事業者による適正な事業活動の確保が図られるとともに、消費者の年齢その他の特性に配慮され

なければならない」と規定されています。一見わかりにくい抽象的な文言ですが、消費者の安全の確保とか、社会的弱者の保護のような分野では、依然として行政の積極的関与がどうしても必要です。行政の積極的関与とは、言い換えれば「保護」ということでしょう。消費者基本法になっても、「保護」が必要な分野は厳然として存在するということが、消費者基本法2条2項に盛り込まれていると理解しています。

及川：その理解でよいと思います。ただ、私は、それに加えて、消費者の権利を尊重してそれを実現するという、いわば消費者に対する丸抱えの保護ということではなくて、消費者の権利を保護し、権利の実現を支援することが、結局、消費者の権利を擁護することになると思うわけです。この消費者基本法によって、単なる消費者保護から消費者の権利保護へ変わりましたが、ただし、その中でも特別の事情がある消費者については、やはり踏み込んだ保護が必要になってくるのではないかと思っています。そのような2段構えの考え方が必要なのではないのかと思います。

　消費者保護という場合、消費者の権利保護と、事情のある消費者に対するより踏み込んだ保護という2つの意味で、消費者保護行政は必要になってくるのだと思います。

　地方公共団体、特に都道府県においては、消費者を保護しなくてよいのだから消費生活センターも廃止したらどうかという意見もありました。最近は、そのような間違ったことを耳にすることはほとんどなくなりましたが、地方には消費者「保護から自立へ」という捉え方の誤解がまだ少し残っているような気がしますね。地方消費者行政の強化充実は重要な課題ですので、気になるところです。

4　その後の消費者政策に果たした役割

田口：この消費者基本法への改正は、その後の消費者政策にどのような役割を果たしたとお考えでしょうか。

及川：私は、田口教授も指摘されたように、基本的な理念が転換されたとい

う意味で、非常に大きな役割を果たしたと思います。

　また、政府が消費者の権利を尊重し、権利を実現するためにさまざまな政策提案をして、法律を制定していきました。例えば、すでにお話した消費者裁判手続特例法や、景品表示法における課徴金についても、基本的には、消費者基本法を受けて、消費者の権利実現のための対応策を具体的に制度化されたものであると思います。国と地方との役割についても消費者基本法は相当規定していますから、県と市町村の役割、国民生活センターの位置づけなどについても明確になりました。

　消費者基本計画も大きな役割を果たしていると思います。消費者保護基本法では、消費者保護会議は、単なる審議機関と位置づけられており、政策決定の権限はありませんでしたが、消費者基本法では消費者政策会議の策定した消費者基本計画は閣議決定されることになりました。消費者基本計画に短期・中期・長期の事項が決定され、総合的な政策が実行されます。

　このように、消費者基本法はいろいろな意味で大きな成果を上げていると思います。

田口：消費者の権利を守るための法律ができるスピードも格段に速まりましたね。

及川：そうですね。消費者基本法ができてから4～5年は、消費者保護関係法律の制定・改正のラッシュでしたね。

田口：消費者庁の『ハンドブック消費者2014』巻末の年表をみると、消費者基本法が制定された翌年の2005年から2009年までの5年間で20本以上の消費者関係法の制定・改正が載っています。

及川：ですから、やはり消費者基本法の制定が、新しいスタート地点になったのだと思います。

# 福田総理の所信表明演説——消費者庁・消費者委員会の誕生

1 消費者庁・消費者委員会発足の経緯

❶ 福田総理の所信表明演説

田口：2004年に新しい消費者基本法が制定され、消費者の権利の尊重と自立の支援を謳う、いわば消費者政策の新しい器ができると、次の課題は、その政策を運用する消費者行政の体制です。これを一元化し、一層強化していこうという動きが出てきます。さまざまな議論の末、2009年に消費者庁と消費者委員会が発足して、新しい消費者行政がスタートするわけですが、この間の状況をどのようにご覧になっていましたか。

及川：生活省や消費者庁をつくることについては、戦後すぐあたりから主婦連や弁護士会から提唱されており、テーマとしては議論されていました。ただ、それほど強い要求でもありませんでした。

　具体的な動きになったのは、2007年に福田康夫内閣が誕生してからだと思います。その背景として、当時、ガス湯沸器に係る死亡事故、エレベーター故障による死亡事故、マンションの耐震偽装問題、食品の偽装表示問題などの消費者問題が多発した時期であること、また、それらの事故が縦割行政の中で起きたことが明らかになったことがあるのではないでしょうか。

　2007年10月、福田総理は、内閣誕生直後に、国会で所信表明演説を行いました。その演説の中で「生産第一という思考から、国民の安全・安心が重視されなければならないという時代になった」、そして、「真に消費者や生活者の視点に立った行政」に転換し、「悪徳商法の根絶に向けた制度の整備など、

消費者保護のための行政機能の強化に取り組みます」と宣言しています。「消費者庁」という言葉は使っていませんが、消費者庁設置について、相当、前向きな発言をしています。後から聞くと、消費者行政部門の官僚で、この原稿に関与した者は誰もいないのです。

❷ 福田総理の所信表明演説原案と森まさこ氏

及川：森まさこ氏が参議院議員になったばかりの頃に聞いたことです。森氏は小学生時代、サラ金地獄・暴力的取りたての被害家族だったそうです。押入れに隠れて取立てから逃れたりなどという経験をされていました。成長してからは、何としても消費者被害事件をなくしたいということで、苦学して大学の法学部に進学して、弁護士になりました。そして、消費者問題の弁護士になる勉強をするためアメリカに留学したり、金融庁の任期付き職員として勤務する中で金融に関する消費者問題を勉強しました。実は、弁護士時代には、国民生活センターにも研究員として所属していたことがあります。このように、森氏は、まさに悪徳商法の根絶・消費者被害の救済を生涯の使命として掲げており、国会議員選挙に出馬したときも、消費者庁創設を公約に掲げるほどでした。森氏は、自民党総裁選挙の遊説のために、福田氏が森氏の出身地・選挙区の福島へ来たときに、電車に乗り、同行して案内しました。そのときに、消費者庁創設の話をしたそうです。そうしたら、福田氏が総理になり、所信表明演説を書く段階になって、森氏に消費者関係部分の原案の執筆を頼まれたそうです。森氏はその要請に応え、「悪徳商法の根絶」という思い切ったフレーズまで使って起案したのですが、福田総理は所信表明演説で、ほぼそのまま読んでくれたそうです。森氏は、国会でそれを聞いて涙を流して喜んだ、と述懐されていました。

　森氏が所信表明演説の原案起草者であることの明確な証拠はないですけれども、福田氏としては、総理大臣になったら、消費者問題を本格的にやりたいと思っておられたことは間違いないと思います。

1　消費者庁・消費者委員会発足の経緯

❸　消費者庁設置へ強いリーダーシップを発揮する福田総理

及川：年が明けて、2008年1月の福田総理による年頭所感では、「消費者が主役となる社会へ向けたスタートの年」と演説するなど、消費者重視の姿勢が非常にはっきりと出ています。そして、同月18日の通常国会（第169回国会）における冒頭の施政方針演説において、内閣の基本方針に「国民本位の行財政への転換」を掲げ、消費者行政を統一的・一元的に推進するための強い権限をもった新しい組織を発足させると明言しました。この時は、すでに消費者庁を意識されてか、消費者行政担当大臣を常設にすることまで施政方針演説で表明しました。この施政方針演説も、福田総理自身が考えた言葉です。まさしく政治主導で始まった、非常に珍しい動きだと私は考えています。

　製造物責任法にしても、消費者契約法にしても、学者が非常に長い期間議論し続けたり、大規模な署名活動があったりして、やっとのことで実現したのですが、消費者庁の設置は、総理大臣が主導して実現しました。新しい消費者行政の組織を具体化するためには、いろいろな検討が必要ですから、2008年2月になると、国民生活審議会の会長も務めた佐々木毅元東京大学総長を座長とした、消費者行政推進会議が検討を始めました。そして、消費者行政推進会議において「消費者庁」という言葉を確定的に使われていないにもかかわらず、福田総理自身が4月に「消費者庁（仮称）の創設に向けて」という文書で、「消費者庁の創設のための6つの基本方針」を発表しました。そして、消費者行政推進会議も、その福田総理の意向に従って報告を取りまとめるということになっていきました。

　この6つの基本方針は、消費者庁は、①「取引」「安全」「表示」などに係る法律を幅広く所管すること、②一元的な窓口機能、企画立案、法執行、勧告などの機能を有する消費者行政の司令塔機能をもつこと、③消費者に身近な問題を扱う諸法は消費者庁へ移管し、各省に残存する関連法にも勧告権を有し、すきま事案へは新法の検討をすること、④地方消費者行政を強化し、法的措置を含めた抜本対策を講じること、⑤消費者庁の設置にあたっては、

行政の肥大化を招かぬよう各府省から機構・定員・予算を移管することとし、また、消費者庁の運営に消費者の意見が直接届くしくみを検討すること、⑥来年度（2009年度）から発足するよう準備すること、です。消費者庁の内容は、実際上、この6つの方針で福田総理が決めたようなものです。消費者行政推進会議は、それを実務的に検討し、例えば、設置のための関連法規の調整や具体的な体制の検討などについての報告を取りまとめました。6月になると、消費者庁にもたせる機能や体制のあり方等を内容とする「消費者行政推進基本計画」が閣議決定されました。

田口：その間には、福田総理は、就任間もない2007年10月に国民生活センターを視察されましたね。

及川：そうです。国民生活センターを視察した総理大臣は、福田総理が初めてです。国民生活センターだけではなく、地方の消費生活センターも視察したいということで、千葉県船橋市にある千葉県消費者センターについても視察されました。

❹ 消費者庁設置関連3法案を閣議決定し、福田内閣退陣

及川：最終的に消費者庁設置関連3法案という形で国会に提出されました。具体的には、まず、「消費者庁設置法案」です。次に、消費者庁が設置されると他の官庁が所管していた何十もの法律が消費者庁の所管に移るわけですから、それらを整備する法律として、「消費者庁設置法の施行に伴う関係法律の整備に関する法律案」。そして、「消費者安全法案」です。消費者安全法案は、消費者被害救済のすきまを埋める内容、事故情報を収集する内容、消費生活センターを位置づける内容などが盛り込まれています。

　この消費者庁設置関連3法案が2008年9月に閣議決定されたことで、消費者庁設置の方向性が定まったといってよいと思います。

　もっとも、政治的な事情があり、福田内閣は9月末に総辞職してしまいます。そのため法案は閣議決定されたけれども、国会が混乱していて法案を国会に提出できませんでした。法案が国会に提出されるときには、麻生太郎内

閣に変わっていました。法案は国会に提出されたのですが、国会が混乱しており、結局、継続審議になってしまいました。

　福田内閣は退陣してしまいましたが、短期間で消費者庁設置の方向性が形になったのは、福田総理の強力な主導があったからこそといえます。

❺　国会情勢──政府・与党案と民主党案の提出

田口：消費者庁設置関連3法案の国会提出に至る間の与野党の動きは、どのようなものだったのでしょうか。

及川：まず、与党自民党の動きですが、福田内閣が成立して間もない2007年11月に消費者問題調査会が設置されます。会長は野田聖子氏、事務局長は後藤田正純氏、事務局次長は森まさこ氏です。この3人が自民党の中で相当尽力されて、政府案を了承するような方向でとりまとめ、2008年3月には自民党案として大体の方向性がとりまとめられました。それがその後、消費者庁設置関連3法案として条文化されたうえで、同年9月、閣議決定されて国会に提出されたのです。

　当時、参議院では野党が多数派でした。いわゆる、ねじれ現象です。ですから、法律を通すには野党の賛成が必要でした。政府・自民党が消費者庁設置に向けて非常にスピーディに動いているものですから、野党民主党も対案をつくることにしました。民主党内に、仙谷由人氏（後の内閣官房長官）が会長を務める人権・消費者問題調査会というものがあったのですけれども、そこで消費者行政のあり方が検討されて、オンブズパーソン構想──政府の外に、消費者権利擁護官を置き、消費者行政を監視する構想──が提案されました。この構想が法律案という形になったのは2008年9月になってからです。ちょうど、政府・与党案が国会に提出されるのと同じ頃でした。民主党には、「次の内閣」という制度がありますが、そこで「消費者オンブズパーソン関連2法案」（消費者権利院法案と消費者団体訴訟法案）が決定され、2009年3月に国会に提出されました。消費者権利院法案というのは、消費者権利官のもと、内閣の外に独立した消費者権利院という消費者行政監視機関をつ

第11章　福田総理の所信表明演説——消費者庁・消費者委員会の誕生

くるという案であると考えていただければよいと思います。2008年9月に決定されていたのに、2009年3月まで提出されなかった背景としては、国会が解散含みの状況であり、野党民主党としては審議に入ることを好まなかったということもあると思われます。

❻　政府・与党案と民主党案の違い

及川：いずれにしても、2009年3月までには政府案と民主党案が国会に提出されました。通常国会の冒頭2009年1月には、関連法案を審議するため、国会に「消費者問題に関する特別委員会」が設置されていたのですが、実質審議はさらに2カ月も延び、民主党から2つの法案が出されて、政府の消費者庁設置関連3法案とあわせて5つの法案が、本会議で審議されることになりました。2008年9月に政府案が提出されてから5カ月以上を経過して、ようやく実質審議入りとなったわけです。

しかし、今度は、政府案と民主党案の調整をしなければ国会を通らないということになり、その調整が最大の課題になってきました。

政府案と民主党案では、根本的な考え方に違いがあります。例えば、組織の位置づけですけれども、政府案の消費者庁は、内閣の中に、行政を担当する一組織として設置されます。民主党案の消費者権利院ですと、内閣をチェックする組織になりますので、内閣の外に設置されます。総理大臣を含めた政府の消費者行政を監視する機関であり、会計検査院などのように、総理大臣の指揮権限内に入らないということです。両案は、基本的なあり方がまったく違います。そうすると、所管業務も当然違ってきます。政府案の消費者庁は、政府の中にあり、20～30程度の消費者関連法を所管して実施するとともに、各省庁への司令塔になるものです。民主党案は、法律は所管せず、所管している省庁の監視・監督・勧告をして結果を公表する監視機関であるということです。

地方における扱いについても、大変な違いがありました。特に、地方の消費生活センターです。政府案は、国民生活センターや地方の消費生活センタ

ーを含めて、現状のまま自立するという内容でした。民主党案は、国民生活センターを消費者権利院の母体とし、地方の消費生活センターの職員をすべて国家公務員にするというものでした。地方にも地方消費者権利官が配置され、その下に消費生活センターの相談員を含めた国家公務員がいるというものです。消費生活相談員の待遇も改善し、身分も保障して、地方消費者行政を監視し、勧告します。これは全く違いますね。

また、人員・予算も違ってきます。政府案は、各省から予算と人員を集めますので、そんなにはかかりません。それに対して、民主党案は、地方を含めて国家公務員1万2000人（常勤5000人、非常勤7000人）くらいの体制にするものでした。予算は、1000億円程度を必要とする内容になっていました。財政が厳しい折に1000億円という予算をどこから出すのかという議論が国会でも当然出されたのですが、民主党は、いろいろな改革・見直しをすれば、1000億円は簡単に捻出できると答弁していましたね。

このように根本的に異なる2つの案をどのように調整するかが最大の課題でした。学識経験者の一部や消費者行政経験者の一部にも民主党案がよいという意見がありました。特に地方の消費者行政が疲弊していた時代ですから、地方の消費者行政を国の業務にして立て直したほうがよいというものでした。しかし、大勢は、政府案のように、地方消費者行政は現状を維持したほうがよいという意見でした。

当時、船田元氏が衆議院の消費者問題に関する特別委員会の委員長でした。経済企画庁長官もされた方で、国民生活センターもよく知っている方です。それから、消費者行政担当大臣を務めていた岸田文雄氏が同特別委員会の筆頭理事でした。この2人が大変な苦労をされただろうと思います。

❼ 与党案・民主党案の調整のポイント

及川：私なりに分析すれば、ポイントは2つあります。1つ目は、民主党が提案している内閣の外からの監視機能を政府案にどのように取り入れるか。2つ目は、地方消費者行政の扱い、すなわち、疲弊している地方消費者行政

をどのようにして立て直すのかという点です。

　1つ目のポイントの最終的な結論は、消費者庁等設置法になるわけですが、政府の消費者庁案では、諮問機関である国民生活審議会に代わるものとして、消費者政策委員会というものを置くことになっていたのです。この消費者政策委員会は、本来、消費者庁の諮問機関であり内部機関ですが、審議の結果、これを改組し、消費者庁から独立した消費者委員会という第三者機関をつくることになりました。この消費者委員会に監視機能をもたせて、ポイントの1つ目である監視機能の点を調整しようとしたわけです。内閣の外ではないものの、消費者庁の外の内閣府に置き、独立委員会になりました。また、消費者委員会は、諮問機関の機能を有するだけでなく、独自に調査して内閣総理大臣や各大臣に建議できる監視機能を有することとなりました。さらに、各委員は、独立して職権を行うこととされました。委員の人数は、当初15名でしたけれども、10名程度にすることになりました。この委員については、非常勤とされましたが（11条5項）、2年経ったら常勤化を検討すると規定されています（附則2項）。もっとも、常勤化はすぐにはできませんから、現在は、附帯決議の趣旨をふまえるという形で、常勤的委員が選任され、非常勤的委員と区別されています。消費者委員会の事務局も、消費者庁が担当しないで、独立の事務局をもつということになりました。そのようにして、1点目の監視機能については調整ができたのだと思います。

　2つ目のポイントは地方消費者行政をどうするかです。当時の地方消費者行政は、予算も人員も少なくなっていました。その結果、相談員に対する安い賃金と雇止めが問題になりました。ただ、地方消費者行政を国の業務にするのは、地方分権の流れに反することから難しいということがありました。そこで、自治事務ではあるものの、業務を国の抜本的な予算補助によって拡充していくということで収まりがつきました。国会の特別委員会における審議では、その地方消費者行政を支援するための予算措置まで、政府を含めて具体的に議論してまとめるという作業も行われました。本来、予算は政府内で調整するものですから、国会内で調整されるというのは、非常に珍しいこ

1 消費者庁・消費者委員会発足の経緯

とです。決定された具体的な内容としては、例えば、地方交付税の基準財政需要額の拡大です。しかし、地方交付税は、一般財源になるわけですから、地方交付税がそのまま消費者行政に使われるとは必ずしも限らないわけです。そこで、その年の補正予算で、地方消費者行政の拡充のために数十億円単位で交付金を創設することになりました。これは、1年間で使うのではなくて、何年かにわたって使えるように、基金化することにしました。さらには、相談員の給料が安くて、官製ワーキングプアだということで、国会でも大問題になりました。国の交付金を、相談員の給料改善にあてることは、財務省が強く反対しましたが、地方の人件費の一部を国が負担している事例（義務教育・警察など）も国会審議の中で明らかにされ、最終的には、消費生活相談員の人件費にも国の補助金を使おうではないかということになったわけです。ただ、運用上は、既存の人件費には使わないけれども、新しく雇った人の人件費には使えるという、非常に細かい基準が後からできるのですけれども。

❽ 消費者庁関連3法の成立

及川：いずれにしても、国の補助金が人件費にも使えるということも国会の協議の中で決められ、修正案ができて、各党が合意し、全会派合同の修正案になりました。そして、全会一致でこの法律が通りました。

非常に長い審議が行われましたね。衆議院では60時間、参議院で30時間です。総理大臣もこの審議のために出席しています。消費者行政担当の野田聖子大臣は当然のこと、関連する法律を所管する多くの大臣が出席し、長時間の審議を経て消費者庁設置関連3法ができました。私も消費者庁設置が決まる時の本会議に傍聴

消費者庁看板の除幕式。野田聖子消費者担当大臣（左）と内田俊一消費者庁長官（右）（いずれも当時）。〔出典：「消費者庁NOW！」7号〕

149

に行きましたけれども、消費者庁という新しい体制ができることの感慨は深かったですね。

2 消費者庁設置のキーパーソン

田口：消費者庁設置に向けては、たくさんの方々がかかわってこられたわけですが、とりわけ深くかかわられたのは、どのような方々ですか。

及川：消費者庁の設置には、何人かのキーパーソンがいます。まずは、福田康夫総理です。また、福田内閣で消費者担当大臣を務めた岸田文雄氏、法案提出時の麻生内閣で消費者担当大臣を務め、自民党消費者問題調査会の会長も務めた野田聖子氏、自民党消費者問題調査会事務局を担った後藤田正純氏と森まさこ氏もキーパーソンとしてあげられます。こういう人たちの努力を評価しなければいけないと思います。

消費者庁等設置法は、国会で全会一致で成立していますから、民主党、公明党など各党の関係者の努力も評価しなければなりません。内閣官房に置かれた準備室の皆さんも不眠不休の働きをしました。また、日弁連や消費者団体などの応援団の皆さんも、すばらしい活躍をしました。

3 消費者庁関連3法成立の過程を振り返る

❶ 消費者団体の活躍

田口：消費者庁設置関連法案の国会審議に立ち会って、特に印象に残った点などはありますか。

及川：まず、消費者庁設置に向けて、消費者問題の専門家グループが、幾度となく議員会館で集会を開き、大臣、与野党の議員を呼んで意見を述べました。私も何回か出席しましたけれども、あのように消費者団体が法律の制定のために活躍するようになったということは、印象深かったですね。

❷　最後まで付け焼刃感が拭えなかった民主党案

及川：もう１つは、民主党案がいかにも付け焼き刃であったな、という印象です。例えば、消費者団体訴訟法案は、結局、取り下げられることになるわけです。将来の課題としては意義がありますけれども、法案自体は必ずしもしっかりとつくられていませんでしたしね。

　また、民主党案では、消費者権利官の下に、全市町村に消費生活センターを置くわけですけれども、人口１万人未満の町村に消費生活センターを置いたとしても、閑古鳥が鳴くような状況になります。相談窓口は全市町村に置く必要はあるでしょうけれども、消費生活センターを全市町村に置くというのは、あまりに実情を知らないと思いましたね。警察署や保健所を全市町村に置くのと似たことであるとわからないのかな、という印象を受けました。

　法案作成にあたって私がレクチャーした民主党議員の中で、印象に残っている方が３人います。民主党の人権・消費者問題調査会の会長であった仙谷由人氏、実務的な説明や答弁を行っていた枝野幸男氏、その下でまた説明や答弁をしていた若手の階猛氏です。いずれの方も弁護士資格をもっていますが、特に枝野氏と階氏はよく勉強していました。ただ、もう少し行政というものを勉強されないといけないという印象は受けましたね。けれども、最終的には政府案側も民主党案側も譲歩し合って法案が成立したことは、非常によかったと思います。

❸　地方消費者行政をどうするか

田口：この国会審議を聞いていて、私が印象に残ったのは、消費者庁、消費者委員会という国の行政機関を設置するための法案審議であるにもかかわらず、議論のかなりの部分が地方消費者行政をどうするかという点に割かれたことです。非常に特徴的であったと思いますね。

及川：そうですね。審議としては非常に特徴的でした。法律には書かれていませんが、議論の半分くらいは、さっきお話した相談員の賃金のことを含め

て地方消費者行政をどうするかという議論でした。ただ、地方消費者行政のあり方については、やはりまだ根本的に問題が残っていると思っています。

田口：やはり、地方における消費者行政は、基本的にすべて地方の事務だという議論のスタートの点ですね。そこからスタートして、地方の消費者行政に対しては、必要に応じて国としても財源などで支援をすることになっていますが、あくまでも支援にとどまっています。どうもそこが収まりきらないように思います。

及川：すでにお話した通り、オイルショックのときの物不足騒ぎの際に、地方にFAXが国費で設置されました。それが現在のPIO-NETに変わりました。全国にPIO-NETをつくり、情報を集めることは、100％国の仕事でした。国の仕事だから、国費を100％使って始めたのです。ですから、地方の消費者行政のある部分、例えばPIO-NETに関する業務は、完全に国の仕事だと思います。ところが、いつの間にか地方の仕事にされてしまったようです。しかし、やはり、地方の消費者行政のうち一定の部分は国の仕事だという区別を、制度上もしておく必要があるのではないかと思います。国と地方の役割分担は、これからの大きな検討課題として考えていくべきだと思っています。

田口：そうですね。スタート地点が、身近な消費者行政は地方固有の事務（自治事務）であるという言い方ですね。この「身近な消費者行政」という言葉が一体どこからどこまでを意味しているのか。個々の消費者への相談対応というのはよく典型例であるといわれますが、そう割り切ってよいものでしょうか。相談対応には、付随していろいろな意義があります。例えば、相談対応で得られた消費者事故等に関する情報を消費者庁・内閣総理大臣に通知するという業務が消費者安全法に規定されていますが、こうした消費者全体の安全を確保する業務を実施するのに不可欠な個々の相談対応を、すべて地方の事務と整理するのは適切とはいえないようにも思いますね。

及川：そうですね。

4　消費者庁・消費者委員会発足後の動き

❶　政治的配慮から急がれた消費者庁発足

田口：2009年5月に消費者庁設置関連3法案が参議院で可決され成立しました。通常、新しい行政機関ができる場合、半年から1年くらいの準備期間が設けられますが、消費者庁の場合、約3カ月という極めて短い期間でした。かくして2009年9月1日に消費者庁・消費者委員会の発足にこぎ着けるわけですが、発足以降の状況をどうみておられるか、お聞かせください。

及川：消費者庁・消費者委員会の発足について、当時の自民党政権は、かなり急いでいました。若干、無理があったとも思うほどです。ちょうど、近々に選挙があり、政権交代するかもしれないという状況がみえてきたような時期でした。自民党政権のもとで発足させたいという意向もあったのでしょうか。

　結局、消費者庁が自民党政権下で、9月1日に発足しました。そして、9月半ばには、自民党が選挙に負けて、民主党政権ができました。民主党政権からは、民主党政権に代わってから消費者庁をつくればよいのに、なぜそんなに急いだのかという批判もありましたが、いずれにしてもそのときの政権の決定事項ですから、9月1日に消費者庁・消費者委員会が発足し、そのまま民主党政権に引き継がれました。

❷　寄り合い所帯の消費者庁

及川：消費者庁は200人余の所帯でしたけれども、各府省から29ほどの所管法律を移管すると同時に、人員・予算も移してくるということを行ったわけです。ですから、寄り合い所帯です。その寄り合い所帯の中には産業官庁から来た人たちが相当数いたわけですから、消費者中心の行政に転換するという消費者庁設立の理念を徹底するのは難しかったようです。しかも、消費者庁発足早々、政権が変わり、大臣も替わりましたから、当初は相当混乱した

と思います。

　例えば、ある案件では、国民生活センターが商品テストの結果を公表しようとしたら、消費者庁の担当者が産業官庁から来た方で、その産業官庁が了承しないうちは公表してはならないと言ったそうです。これでは消費者庁なのか、反消費者庁なのかわからない、という批判まで出たほどです。このようなことがたくさんあったのが、この時期であると思います。

❸　民主党政権下での消費者行政の混乱

及川：政権交代によって民主党政権になり、民主党は消費者庁に限らず、すべての省庁において、政治指導で政策決定するとしました。いわゆる政務三役、大臣と副大臣と政務官、この３つの職で物事をすべて決めるということです。政権発足時の民主党政権は、官僚を露骨に敵視していました。ですから、非常に混乱したと思います。例えば、福田総理のように消費者庁設置を打ち出すとか、田中総理のように国土庁をつくり、あるいは、日本列島改造論を進めるということも、行政について十分な知識や経験があるならば非常によいのですが、そうではないわけです。そのため、消費者庁のみならず、各省庁でも非常に混乱が起きていたのではないかと思います。

　特に、消費者庁では、民主党政権３年３カ月の間に、大臣が８人も交替しています。平均すると１人あたりの就任期間は５カ月足らずです。短期在任の大臣による政治主導は、混乱を増すだけです。もちろん、中には立派な大臣もいましたけれどもね。国民生活センターを解体するという議論まで出てきました。あれほど議論した地方消費者行政についても、民主党政権下で新たに任命された長官の中には、「地方消費者行政は地方自治の問題であり、政府はもう関与しない。だから補助金を出すのはおかしい」と言う方もいました。消費者団体や弁護士会、関連の団体も、消費者庁に対する不支持・反対の声が充満しました。消費者庁が発足してから２年間くらいは、そのような非常に不幸な時期があったと思います。

　私は、消費者庁はできたばかりなのだから、もう少し長い目で育てていこ

うと、消費者団体や弁護士会の方たちにも言っていましたが、内心では非常に不満がありました。我慢の2～3年を経て、この2年ほどはやっと消費者庁らしくなってきたなと思っています。

　独立機関として発足した消費者委員会は、発足以来、消費者視点に立ってそれなりの活動をしてきたと思います。国民生活センター廃止という消費者庁の方針にも反対しましたし、地方消費者行政の充実も一貫して主張してきました。ただ、事務局体制が貧弱なのが気がかりです。

❹　重要法令の制定・改正

及川：私が消費者庁らしくなってきたと思う1つの典型は、ここ2～3年は毎年のように重要な法律を制定・改正していることです。2012年には消費者安全法を改正し、消費者安全調査委員会、いわゆる消費者事故調というものをつくりました。消費者事故調は、体制の問題もあって発足が遅くなりましたが、今後の活躍が期待されます。また、いわゆる押し買い（訪問購入）の問題が出てくると、特定商取引法をすぐに改正して押し買いも規制しました。議員立法ではありましたけれども、消費者教育推進法も2012年にできています。それから、消費者の被害救済のために非常に重要なテーマであった団体訴訟手続を定めた消費者裁判手続特例法も、2013年に消費者庁の提案で成立しました。これは、司法制度上、非常に重要な法律であろうと思います。この団体訴訟を担当する団体は、特定適格消費者団体と呼ばれます。法律がまだ施行されていませんから、認定はまだされていませんけれども、特定適格消費者団体とはどのような団体かという点が、現在、関心事になっています。

　2013年には、食品表示法という法律をつくって、従来所管法律がバラバラであった食品に係る表示を一本化しました。食品衛生法、JAS法、健康増進法などによる表示についての規制を一本化することを行いました。

　2014年の消費者安全法の改正では、消費生活相談員の国家資格制度を創設し、地域の見回りネットワーク制度や協力員制度などをつくっています。要するに、地方消費者行政を拡充するためのさまざまなしくみを用意していま

す。景品表示法に至っては同じ2014年中に2回改正しています。1回目の改正では、レストランでメニューの表示と実際に使っていた食材が違うという、不当表示まがいなことが至るところから出てきたものですから、その表示に関する規制が強化されました。その規制権限は都道府県知事にも移譲しています。2回目の改正は、不当表示に対する課徴金制度の導入です。森まさこ氏が消費者担当大臣のときに、森氏は、私に、何としても行政課徴金制度を在任中につくりたいとおっしゃっていました。これは大変な制度なのです。不当表示についてのみですが、景品表示法を改正して、課徴金制度が導入できたことは、大臣・担当者が消費者行政の専門家となって、消費者行政の理念がやっと消費者庁にも定着し、活発な活動をし始めた結果なのかなという思いがしています。

5　地方消費者行政の前進

及川：地方の消費者行政についても、消費者庁ができて、着実に前進したと思います。消費者庁設置のときに話がついた、地方への基金のための交付金の累計は、2014年度までの消費者庁設置後5年の間に、356億円にも上っています。その結果、消費生活センターはこの5年間に約260ヵ所増えて、約760ヵ所になりました。また、自治体の消費生活相談窓口設置率は、99.8％になっています。2014年4月時点で残りは4団体でしたが、その4団体もすでに窓口を設置したということですので、設置率は100％ということになるでしょう。消費生活相談員の数も500名以上増えて約3300名になりました。地方消費者行政も非常に充実したと思います。ただ、田口教授が言われたことと同じことですが、地方消費者行政が充実したのは、国からの交付金によります。こういった特別な交付金がなければ、弱体化が進みます。いつまでも臨時の交付金で臨時の基金を使うわけにはいかないと思うのです。地方の消費者行政を、民主党案のようにすべて国家の事務とすることは行き過ぎだとは思いますが、地方自治事務と国の事務の再配分を考えて、恒常的な財源措置と、国・地方間の情報ネットワークをしっかり維持していかなければな

らないと思っています。

　国民生活センターについても、民主党政権時代には解体して廃止するという案が出されましたが、自民党政権に変わってからは、独立行政法人として維持するということになっています。民主党政権時代に国民生活センターの研修施設は廃止されましたが、これも復活しました。PIO-NETの充実も含めて、情報収集業務、消費者教育啓発業務、商品テスト業務含めて充実することを期待したいと思います。また、40年前のオイルショックにおける物不足騒ぎのときに3桁の消費者相談電話番号をつくろうと考えたもののそれができなくて、局番付の0999で我慢したという話がありましたが（第4章1❸参照）、この3桁の電話番号もようやく実現しまして、「188」ということで、2015年7月1日より施行されています。

　いずれにしても、消費者庁・消費者委員会が、ますます活発に活動してもらいたいと思っています。

第12章 消費者市民社会への道創り

1　消費者行政が直面している課題と進むべき道

❶　第1の課題――消費者の権利の実効性を確保する方策

田口：これまで消費者行政50年ということで大きく捉えて、半世紀の歴史、特に、その節々における大きな出来事を取り上げて、その背景や意義などについて語っていただきましたけれども、この50年の歴史の上に立って、今、消費者行政が直面している課題と今後進むべき道について、どのようにお考えでしょうか。

及川：現在の課題を考えますと、第1の課題は、消費者行政が30年、40年かかって、やっと確立した消費者の権利を、どうすれば実効性のあるものにできるかということです。

　消費者被害救済の実効性確保の点で、行政の役割は非常に大きいと思うのですが、世界の先進国に比べて、日本の行政は消費者被害救済についての役割をあまり果たしていないと思います。OECDの中でも日本が最も遅れているのではないのかなと感じます。課徴金やその他を含めて、もう少し幅広く、さらにいえば、父権訴訟のような消費者代理訴訟のようなことも含めて、行政がもっと前面に出るような実効性確保策を考えてみてはどうかと思います。

　現在も、さまざまな法律の検討が、消費者庁、消費者委員会で行われていますが、どうしても民事法の検討が中心になっています。すでに労働法をモデルにしてはどうかということをお話しましたけれど、民事法の権利を実効

性のあるものにするためには、民事法だけでなく、行政措置を規定する行政法、簡易な訴訟手続を定める訴訟法、刑事罰を定める刑事法など、トータルの総合法制としての消費者法体系をつくることが、実効性確保のための重要な課題だと思います。

また、個別具体的な問題になると、さまざまな個別の法律がありますが、どうしてもすきまがあります。消費者安全法が改正され、すきま事案への対策は消費者庁が行うと思いますが、すきま事案はこれからもどんどん出てくると思います。すきま事案の被害で泣く人がいないように、個別の相談苦情の情報を重視し、それに対応した一般法の拡充を迅速に行うことも大事だと思います。

❷ 第2の課題──グローバル化・情報化・長寿化への対応

及川：次に、今後、大きく問題になってくるのは、グローバル化・情報化・長寿化への対応だと思います。

グローバル化で世界は非常に狭くなりました。企業活動も情報も、グローバルに即時に動く社会になりましたので、消費者保護も世界との協調が必要です。越境取引について、消費者庁でも本格的に取り扱おうとしていますが、もっと広く消費者保護ルールの世界基準化が必要になってきているのではないかと思います。一応、ISOのような民間基準はありますけれども、もっと行政として、OECDや国連という場を使って、世界基準の消費者保護ルールの策定を進めることが必要なのではないかと思います。

また、情報化は、特にインターネットやスマートフォンが普及し、新しい取引方法が開発される中で、新しい問題が次々と出てきています。インターネットなどは世界とつながっているわけでもありますから、変化に立ち遅れずに、新しいトラブルにしっかりと対応することを考えないといけません。

長寿化については、高齢者の被害が非常に拡大しています。地方の現場では、見回りネットワークということを行っておりますけれども、そういう対応だけでなく、例えば、適合性原則の拡大など、長寿社会に対してどう適応

するのかを含めて、制度的に長寿化に対応するための新しい消費者保護ルールをつくって、長寿社会における消費者行政について世界に先駆けて考えていかなければいけないのではないかと思います。

❸ 第３の課題──地方消費者行政の位置づけ

及川：第３に、すでにお話しましたけれど、地方消費者行政の位置づけをどうするかという課題です。消費者行政の現場は地方にあります。地方の相談窓口、消費生活センターがしっかり機能する必要があります。地方消費者行政は、本来的に地方が自らの予算・人員をもって行うべき仕事とされていますが、地方だけでは賄い切れずに、国からの臨時の交付金でなんとか維持されているのが現状です。このようなしくみではこれから先、うまくいかないと思います。

やはり、私は、日本中どこにいても消費者の権利が保障され、被害を受けたら救済されるしくみを、ナショナル・ミニマムとして、国家が憲法なり消費者基本法なりで保障すべきではないかと思います。例えば、司法制度は地方へ行っても国の事務であり、100％国の予算・人員で行われています。警察や教育は、地方の事務ですけれども、ナショナル・ミニマムとして、国家が予算の半分程度を負担して対応しています。

私は、地方消費者行政は、事業者と消費者との間の格差に伴う不公正から出てきたものであり、そのような社会的公正を実現する仕事は、ナショナル・ミニマムとして国家が国民に保障しなければならないと考えています。その意味で、地方消費者行政に対する国の関与のあり方、国の予算・人員の分担の仕方について確立していく、非常に大事な時期にきていると思います。

❹ 消費者の意見が反映されるしくみづくり

及川：大事な３点について、申し上げましたけれども、これらのことを考えていくにあたっても、消費者・生活者重視の理念の徹底は絶対に必要であろうと思います。消費者市民社会といわれますけれども、今のところ、消費者

の意見は消費者行政の範囲内だけで反映されるというしくみです。しかし本来は、消費者行政という狭い範囲にとどまらず、生活者・消費者重視の理念をどのように政策に反映するのかについて検討することも課題だと思います。例えば、税制、金融、経済政策全般、住宅政策、環境制度などについても、消費者の意見をもっと広い範囲で反映する必要があろうかと思います。

すでにお話しました通り、労働者のナショナルセンター（全国中央組織）は、単に賃金の話だけではなくて、社会システム全体のことについて、経営者側あるいは政府と意見交換するしくみが一応用意されています。消費者についても、消費者庁が中心になり、もっと幅広い範囲で消費者の意見が反映されるような努力をしていってもらいたいと思います。

他方、企業側においても、消費者志向体制、企業の社会的責任が求められており、経団連も企業行動憲章をつくっています。これまでは、この企業の消費者志向体制に経産省が産業官庁として関与していました。これからは消費者庁が関与していくべきではないかと考えています。

2　新しい道創りへの挑戦を

田口：最後に、これからの消費者行政を担う中心となる消費者庁あるいは消費者政策全体に対して、注文や期待することをお聞かせください。

及川：消費者庁発足の際に、小さく生んで大きく育てようということで、とりあえず200名余で発足した消費者庁も、現在では300名を超える組織になりました。国民生活センターの約130名、それに、臨時職員を含めれば、約500名の体制になって、決して小さい組織とはいえなくなってきたと思います。この組織にしっかりとした精神を盛り込んで、消費者庁が消費者・生活者のために真剣に、先ほどお話した課題に正面から取り組んでいってもらいたい、と私は希望しています。消費者庁の今の現状では、それができると期待もしています。

長くお話してきたように、消費者行政は、日本ではたった50年前に始まっ

た行政ですから、私たち当時の消費者行政にかかわってきた人は、やることなすこともすべて初めてで、先人の歩いた道を歩くことはほとんどありませんでした。自分で道を創って歩いてきました。これからも、おそらく消費者庁の仕事は、新しい道創りに挑戦していくことになると思いますが、ぜひ、本当の意味の消費者市民社会ができるように活躍してもらいたいと期待しています。

田口：まさに消費者・生活者重視の徹底に向けた新しい道創りへの挑戦ですね。

及川：そうですね。

田口：ありがとうございました。

《年表》消費者問題等の歴史（1945年～2014年）

消費者庁『ハンドブック消費者2014』より一部抜粋のうえ加工。

	消費者行政等	消費者問題等
1946年 (昭和21年)	3月 「物価統制令」公布 8月 経済安定本部（1955年から経済企画庁）設置	5月 食糧メーデー（米よこせ大会） 8月 経済団体連合会発足
1947年 (昭和22年)	4月 「地方自治法」公布	
1948年 (昭和23年)	7月 「農薬取締法」公布	9月 不良マッチ追放主婦大会開催 10月 主婦連合会（主婦連）結成
1949年 (昭和24年)	6月 「工業標準化法（JIS法）」公布	
1950年 (昭和25年)	5月 「農林物資の規格化及び品質表示の適正化に関する法律（JAS法）」公布	
1951年 (昭和26年)		3月 日本生活協同組合連合会結成 その他、電通、「鬼十訓」を制定
1952年 (昭和27年)	6月 「宅地建物取引業法」公布 7月 「旅行あっ旋業法」公布（現旅行業法）	7月 全国地域婦人団体連絡協議会（地婦連）結成
1953年 (昭和28年)	9月 「独占禁止法」改正（再販制度を容認）	2月 テレビ放送開始 12月 水俣病発生（熊本県水俣）
1954年 (昭和29年)	5月 「利息制限法」公布 6月 「出資の受入れ、預り金及び金利等の取締りに関する法律（出資法）」公布	
1955年 (昭和30年)	7月 経済企画庁発足 8月 「繊維製品品質表示法」公布（1962年家庭用品品質表示法に吸収）	3月 日本生産性本部発足 8月 森永ヒ素ミルク中毒事件 その他、三種の神器（洗濯機・冷蔵庫・テレビ）ブーム、スモン被害発生
1956年 (昭和31年)		7月 「もはや戦後ではない」（経済白書） 12月 全国消費者団体連絡会（全国消団連）結成
1957年 (昭和32年)	6月 「水道法」公布	2月 第1回全国消費者大会開催「消費者宣言」採択
1960年 (昭和35年)	8月 「薬事法」公布 9月 「国民所得倍増計画」策定	8月 国際消費者機構（IOCU）結成 　　（1990年から国際消費者機構（CI）） 9月 クレジットカード登場 9月 ニセ牛缶事件 その他、四日市公害発生
1961年 (昭和36年)	6月 経企庁に国民生活向上対策審議会発足	9月 ㈶日本消費者協会認可

《年表》消費者問題等の歴史

		消費者行政等		消費者問題等
1961年 (昭和36年)	11月	「電気用品取締法」公布（現電気用品安全法）		
1962年 (昭和37年)	5月 5月	「家庭用品品質表示法」公布 「不当景品類及び不当表示防止法」公布	5月 5月	サリドマイド事件 ケネディ米大統領「消費者の4つの権利」宣言
1963年 (昭和38年)	1月	農林省に消費経済課設置（中央官庁初）		
1964年 (昭和39年)	4月	通産省に消費経済課設置	4月	主婦連、粉末ジュースのうそつき表示を発表
1965年 (昭和40年)	6月 6月 11月	経企庁、「国民生活局」設置（国民生活課、消費者行政課、物価政策課の3課） 経企庁に国民生活審議会発足 兵庫県、「神戸生活科学センター」・「姫路生活科学センター」開設	2月	アンプル入り風邪薬を飲んだ者のショック死事件が続発
1966年 (昭和41年)	8月 11月	経企庁、自治省「地方公共団体における消費者行政の推進について」を通達（消費者教育を消費者行政担当組織の事務の1つとして明示） 国民生活審議会（国生審）、「消費者保護組織及び消費者教育に関する答申」	2月 8月	第1回物価メーデー各地で開かれる 主婦連、ユリア樹脂製食器からホルマリン検出
1967年 (昭和42年)	3月 6月	「経済社会発展計画」閣議決定 公取委、レモン飲料7社に排除命令	5月	ポッカレモン事件、不当表示への批判高まる
1968年 (昭和43年)	5月 5月 8月	「消費者保護基本法」公布（現消費者基本法） 「割賦販売法」改正（前払式割賦の規制等） 第1回消費者保護会議開催	9月 11月	地婦連、100円化粧品「ちふれ」発売 カネミ油症事件（PCB問題）
1969年 (昭和44年)	3月 その他、	「地方自治法」改正（地方公共団体の事務として消費者保護を明示） 都道府県に消費生活センター設置支援	4月 6月 11月 11月	日本消費者連盟創立委員会結成 欠陥自動車問題発生 森永ミルク中毒のこどもを守る会全国総会開く 経済協力開発機構（OECD）に消費者政策委員会（CCP）設置
1970年 (昭和45年)	5月 10月 11月 11月	「JAS法」改正 国民生活センター設立 国生審、「消費生活に関する情報の提供及び知識の普及に関する答申」 通産省、公取委、カラーテレビの二重価格表示問題について業界に警告	8月 9月 11月	地婦連、カラーテレビの二重価格調査公表 消費者5団体、カラーテレビ買い控え運動を決める 日本消費者連盟創立委員会、ブリタニカ商法告発
1971年 (昭和46年)	5月 6月	「旅行業法」改正 「宅地建物取引業法」改正	1月 2月	ラルフ・ネーダー来日 家電各社、カラーテレビ値下げ

《年表》消費者問題等の歴史

	消費者行政等	消費者問題等
1971年 (昭和46年)	6月　「積立式宅地建物販売業法」公布 7月　環境庁発足	4月　主婦連、「果実飲料等の表示に関する公正競争規約」に不服申立て 8月　「ドルショック」 10月　日本玩具協会、STマークを実施 10月　消火器の訪問販売で問題続出 その他、ネズミ講「天下一家の会」問題化、企業の消費者相談窓口設置本格化、電通PR「広告戦略十訓」を制定
1972年 (昭和47年)	5月　「景品表示法」改正 6月　「割賦販売法」改正（クーリング・オフ 4日間創設） 6月　「食品衛生法」改正	7月　SF商法で苦情続出 8月　主婦連、第7回IOCU世界会議で再販廃止決議を提案、採決
1973年 (昭和48年)	2月　国生審、「サービスに関する消費者保護について」答申 5月　国生審、消費者被害救済の諸制度の検討開始 6月　「消費生活用製品安全法」公布 7月　経企庁物価局発足 7月　「生活関連物質等の買占め売惜しみに対する緊急措置に関する法律（買占め防止法）」公布 10月　「有害物質を含有する家庭用品の規制に関する法律」公布 10月　「化学物質の審査及び製造等の規制に関する法律」公布 12月　都道府県の消費生活センター「0999」番と都道府県・政令指定都市、国民生活センターにFAX設置 12月　「石油需給適正化法」公布 12月　「買占め防止法」改正、「国民生活安定緊急措置法」公布	3月　大手商社の買占めに批判高まる 10月　第1次オイルショック（物不足、「狂乱物価」） 11月　各地でトイレットペーパー、洗剤など物不足騒ぎおこる
1974年 (昭和49年)	2月　経企、厚生、農林、通産4省庁で物価対策本部発足 5月　「神戸市民のくらしをまもる条例」公布（全国初） 7月　建設省、BL（ベターリビング）マーク制度を告示 12月　産構審、「マルチ商法、訪問販売など特殊販売について」答申	9月　奪われたものを取りかえす消費者の会、灯油訴訟提起（11月主婦連、鶴岡生協も続く） その他、ヤミカルテル問題化
1975年 (昭和50年)	2月　公取委、マルチ商法のホリディマジック社を立入検査 4月　国民生活センターが「危害情報システム」を構築 4月　国生審消費者救済特別研究委員会、	2月　「マルチ商法被害者対策委員会」を結成 3月　消費者24団体、「公共料金、消費者物価値上げ反対国民中央集会」開催 その他、合成洗剤追放運動強まる、日本私

《年表》消費者問題等の歴史

		消費者行政等		消費者問題等
1975年 (昭和50年)	7月	「消費者被害の救済（最終報告）」 「商品取引所法」改正		法学会「製造物責任法要綱試案」報告
1976年 (昭和51年)	6月 6月 10月	「訪問販売等に関する法律（訪問販売法）」公布（現特定商取引法） 7省庁、ネズミ講対策各省連絡会発足 国生審消費者保護部会、「消費者被害の救済について（中間報告）」公表	1月 10月 12月	㈶生命保険文化センター設立 欠陥住宅問題化 この頃からサラ金被害が社会問題化
1977年 (昭和52年)	6月 6月 9月	「独占禁止法」改正(課徴金制度導入) 国生審消費者保護部会、「昭和50年代の消費者保護のあり方について（中間とりまとめ）」公表 国生審の消費者保護部会を消費者政策部会に改称	7月	化粧品公害被害者の会、損害賠償訴訟を提訴
1978年 (昭和53年)	5月 11月	第1回「消費者の日」 「無限連鎖講の防止に関する法律（ネズミ講防止法）」公布	3月 9月	最高裁、ジュース裁判で一般消費者に景表法に基づく不服申立資格なしとして主婦連の上告棄却 日本ヒーブ協議会設立
1979年 (昭和54年)	9月 10月	国生審消費者政策部会、「危害情報の収集・提供システムのあり方」等5件の報告を内容とする意見を公表 「薬事法」改正、「医薬品副作用被害救済基金法」公布	6月 10月 その他、	灯油価格の上昇始まる 金の先物取引で被害続出 第2次オイルショック
1980年 (昭和55年)	3月 5月	国民生活センター、商品テスト・研修施設開所 「宅地建物取引業法」及び「積立式宅地建物販売業法」改正	9月 10月	石油ヤミカルテル刑事事件判決（高裁判決） ㈳消費者関連専門家会議設立
1981年 (昭和56年)	2月 4月 11月 12月	国民生活センター、商品テスト誌「たしかな目」発刊 第1期消費生活アドバイザー認定・登録 国生審消費者政策部会、「消費者取引に用いられる約款の適正化について」報告 同部会、「製品関連事故による消費者被害の救済について」及び「消費者信用情報機関の適正な運営について」報告	3月 6月 11月	石油ヤミカルテル民事事件判決（鶴岡） IOCU第10回世界大会をハーグで開催。消費者被害を防ぐ国際監視体制を提言 「日本消費者教育学会」設立
1982年 (昭和57年)	4月 5月 7月	「旅行業法」改正 建設省、宅地建物取引の標準媒介契約約款を制定（告示） 「海外商品市場における先物取引の受託等に関する法律（海先法）」公	3月	国際消費者機構（CI）「消費者の権利」提唱

《年表》消費者問題等の歴史

		消費者行政等		消費者問題等
1983年 (昭和58年)		布（2011年商品先物取引法に吸収）	4月 5月	IOCU日本国際セミナー開催 東北地方を中心に新型ネズミ講発生
	5月	「貸金業の規制等に関する法律（貸金業規制法）」公布（現貸金業法）		その他、食品添加物問題
	12月	国生審消費者政策部会「店舗外における消費者取引の適正化について」報告		
	12月	「商品取引所法」改正		
1984年 (昭和59年)	3月	国生審消費者政策部会「消費者取引に用いられる約款の適正化について」報告	2月	「消費者行政サミット」（9大都道府県主催）開催
	4月	国民生活センター、全国消費生活情報ネットワーク・システム「PIO-NET」運用開始	11月	OECD「消費者利益と国際貿易に関するシンポジウム」開催
	5月	「割賦販売法」改正（抗弁の接続、個品割賦を対象にする内容）	12月	第11回IOCU世界大会で国連消費者保護ガイドラインの採択を要請する決議を採択
	10月	厚生省「健康食品対策室」発足		
	11月	農水省「消費者の部屋」開設		
1985年 (昭和60年)	8月	建設省「中高層分譲共同住宅管理業者登録規程」を制定（告示）	3月	石油ヤミカルテル民事事件判決（仙台高裁）
	9月	運輸省「標準宅配便約款」を制定（告示）	6月	豊田商事（金の現物まがい取引等）国会で問題化・実名公表
	12月	運輸省「モデル宿泊約款」の制定	7月	EC閣僚理事会製造物責任に関する指令を採択
1986年 (昭和61年)	5月	「特定商品等の預託等取引契約に関する法律（預託法）」公布	10月	一部悪質抵当証券会社の詐欺的商法により被害を受ける購入者が多数発生
	5月	「有価証券に係る投資顧問業の規制等に関する法律」公布		
	5月	運輸省「標準トランクルームサービス約款」の制定（告示）		
	5月	「化学物質の審査及び製造等の規制に関する法律」改正		
	9月	国生審「学校における消費者教育について」教育課程審議会に要望		
	10月	運輸省「標準引越運送・取扱約款」の制定（告示）		
1987年 (昭和62年)	8月	「預託法」の適用を受ける施設利用権として、「語学を習得させるための施設を利用する権利」を追加指定	3月 9月 12月 12月	霊感商法横行 IOCU第12回世界大会 AT車発進事故多発 アスベスト汚染問題化
	12月	「抵当証券業の規制等に関する法律」公布		
1988年 (昭和63年)	4月	文部省、学習指導要領改訂（消費者教育の本格導入）（小学校1992年度、中学校1993年度、高等学校1994年度から）	2月	国債ネズミ講、国会で問題化

167

《年表》消費者問題等の歴史

		消費者行政等			消費者問題等
1988年 (昭和63年)	5月	第1回「消費者月間」			
	5月	「ネズミ講防止法」改正			
	5月	「宅地建物取引業法」改正			
	5月	「訪問販売法」改正			
	7月	厚生省「化学的合成品たる食品添加物の食品への食品添加物表示基準」改正			
1989年 (平成元年)	3月	文部省、小学校、中学校、高等学校の学習指導要領改訂（消費者教育の充実）	4月	消費税導入（3％）	
			5月	原野商法相次いで摘発される	
	12月	地方消費者行政推進委員会「地方消費者行政の新たな展開」報告	7月	NTTダイヤルQ2サービス開始	
	12月	通産省「家庭用品品質表示法雑貨工業品品質表示規程」改正			
	12月	「前払い式証票の規制等に関する法律（プリペイドカード法）」公布			
1990年 (平成2年)	2月	国生審消費者政策部会「国際化時代の消費者政策について」報告	1月	カラーテレビの発煙・発火事故相次ぐ	
	11月	通産省「会員権取引に係る訪問販売の適正化について」通達	2月	消費者教育支援センター設立	
			5月	リゾートクラブ会員権のトラブル増加	
			7月	IOCU第13回世界大会	
			その他、マルチ、マルチまがい商法被害増加、悪質電話勧誘に関する苦情増加		
1991年 (平成3年)	4月	「資源の有効な利用の促進に関する法律（リサイクル法）」公布	5月	「消費者のための製造物責任法の制定を求める連絡会」結成集会	
	7月	運輸省、消費者行政課設置	9月	㈳経済団体連合会「企業行動憲章」発表	
	10月	自民党製造物責任制限に関する委員会、中間とりまとめ公表	その他、ダイヤルQ²に多数の苦情、継続的役務取引のトラブル増加		
	10月	国生審消費者政策部会報告「総合的な消費者被害防止・救済の在り方について」（中間報告）公表			
	10月	消費生活専門相談員資格認定試験実施			
	10月	「借地借家法」公布（定期借家制度新設）			
1992年 (平成4年)	5月	「ゴルフ場等に係る会員契約の適正化に関する法律」公布	10月	カード破産を主とする個人の自己破産急増と最高裁発表	
	5月	「計量法」公布			
1993年 (平成5年)	6月	「JAS法」改正	2月	消費者のための製造物責任法の制定を求める連絡会が各地で「欠陥商品110番」を実施	
	7月	郵政省「電気通信利用者相談室」設置	4月	EC閣僚理事会「消費者契約における不公正条項に関する指令」を採択	
	12月	国生審消費者政策部会報告「製造責任制度を中心とした総合的な製品			

《年表》消費者問題等の歴史

		消費者行政等		消費者問題等
1993年 (平成5年)	12月	安全対策の在り方について」公表 国生審「製造物責任制度を中心とした総合的な消費者被害防止・救済の在り方について（意見）」提出	7月	製造物責任法制定を求める消費者の請願署名全国で245万人を超える その他、バブル崩壊により変額保険被害問題化、「製造物責任法早期制定の国会への請願」署名約350万筆集まる、マルチ、マルチまがい商法被害増加続く
1994年 (平成6年)	7月 7月 11月	「製造物責任法（PL法）」公布 「道路運送車両法」改正（リコールの法制化） 国生審消費者政策部会消費者行政問題検討委員会「今後の消費者行政の在り方について」報告（第14次）	3月 8月 9月	カラーテレビの発火事故で大阪地裁においてメーカー敗訴 IOCU 国際消費者法セミナー開催 第14回 IOCU 世界大会、名前を CI に変更 その他、「価格破壊」進む
1995年 (平成7年)	10月 10月	国民生活センター ホームページ開設 国民生活センター こんにゃくゼリー窒息事故情報公表	1月 3月	阪神・淡路大震災で住宅関連の消費生活相談急増、また、便乗悪質商法急増 「規制緩和推進計画」決定 その他、悪質な電話勧誘に関する苦情急増続く、悪質な電話勧誘による資格商法に対する取締りを強化
1996年 (平成8年)	12月	国生審消費者政策部会「消費者取引の適正化に向けて」報告（第15次）	7月	病原性大腸菌 O-157による食中毒続出 その他、利殖に係る預り金を名目とした広域詐欺事件の発覚と検挙
1997年 (平成9年)	4月 7月 12月	国民生活センター、朝日ソーラーを実名公表 「特定商品等の預託等取引契約に関する法律」の施行令改正 行政改革会議最終報告公表	1月 4月	「ココ山岡」破産 消費税3％から5％に変更 その他、多重債務者を狙った手形に係る広域詐欺事件の発覚と検挙、遺伝子組換食品に対して消費者から表示の要求高まる、預託商法の被害急増
1998年 (平成10年)	1月 3月 3月 4月 6月 6月 6月 12月	国生審消費者政策部会中間報告公表 「規制緩和推進3か年計画」閣議決定 「特定非営利活動促進法（NPO法）」公布 「商品取引所法」改正 「金融システム改革のための関係法律の整備等に関する法律（金融システム改革法）」公布（金融ビッグバン） 厚生省「有料老人ホーム等のあり方に関する検討会」報告書公表 「特定家庭用機器再商品化法（家電リサイクル法）」公布 国民生活センター「全国消費者フォ	2月 8月	発信者情報通知サービス開始 医師への損害賠償訴訟提訴、1997年596件へ急増（5年前の約6割増）

《年表》消費者問題等の歴史

		消費者行政等		消費者問題等
1999年 (平成11年)		ーラム」開催		
	1月	国生審消費者政策部会報告公表（第17次）	6月	PL訴訟における初めての肯定判決（名古屋地裁）
	3月	「規制緩和推進3か年計画〔改定〕」閣議決定	10月	高利貸金業の「商工ローン」問題国会で審議
	3月	消費者政策国際会議		12月　和服モニターの高額商品購入問題多発
	3月	文部省、高等学校の学習指導要領改訂（消費者教育の充実）		その他、生命保険の転換問題、電気通信業者や地方公共団体等個人情報漏洩事件多発、コンピュータウイルス被害急増：99年に過去最悪の3,645件
	4月	「訪問販売法」「割賦販売法」改正		
	6月	「住宅の品質確保の促進等に関する法律（住宅品質確保促進法）」公布		
	6月	国民生活センター「多重債務者問題に関する調査報告書」公表		
	7月	「JAS法」改正		
	12月	「貸金業規制法」、「出資法」、「利息制限法」改正		
	12月	国生審消費者政策部会報告公表（第17次）		
2000年 (平成12年)	3月	国民生活センター「金融商品に係る消費者トラブル問題調査報告書」公表	3月	「ココ山岡宝飾店」のダイヤモンド買戻し商法に伴う訴訟で原告・被告双方が未払代金を免除する和解案により合意
	3月	「規制緩和推進3か年計画〔再改定〕」閣議決定	4月	成年後見制度開始
	4月	介護保険法施行（同法公布は、1997年12月）	6月	雪印乳業食中毒事故発生：有症者数1万4849名（2015年9月8日現在）
	5月	「消費者契約法」公布	10月	新築住宅の住宅性能表示制度開始
	5月	「金融商品の販売等に関する法律」公布	11月	ジェット噴流バスで死亡事故判明
	11月	「訪問販売法」改正（「特定商取引に関する法律」と改称）「割賦販売法」改正		
	12月	「マンションの管理の適正化の推進に関する法律」公布		
2001年 (平成13年)	1月	中央省庁再編・内閣府設置　国民生活センターの監督官庁が経企庁から内閣府に移行、国民生活局も経企庁から内閣府へ移管		
	3月	「規制改革推進3か年計画」閣議決定		
	6月	「倉庫業法」改正		
	11月	「プロバイダ責任制限法」公布		
2002年 (平成14年)	3月	「規制改革推進3か年計画〔改定〕」閣議決定		食品偽装表示事件等の多発
	4月	「特定商取引法」改正		

《年表》消費者問題等の歴史

	消費者行政等	消費者問題等
2002年 (平成14年)	6月 「JAS法」改正（罰金額引き上げ） 12月 「有線電気通信法」改正（ワン切り規制） 12月 国生審消費者政策部会自主行動基準検討委員会報告公表 12月 「独立行政法人国民生活センター法」公布	
2003年 (平成15年)	3月 「規制改革推進3か年計画〔再改定〕」閣議決定 5月 国生審消費者政策部会報告公表 5月 国生審消費者政策部会公益通報者保護制度検討委員会報告公表 5月 「個人情報の保護に関する法律」公布 5月 「食品安全基本法」公布（食品安全委員会設置等） 5月 「景品表示法」改正（不実証広告規制の導入等） 6月 総務省に消費者行政課設置 7月 農水省に消費・安全局設置	架空不当請求被害増大
2004年 (平成16年)	3月 規制改革・民間開放推進3か年計画閣議決定 4月 公取委「有料老人ホーム等に関する不当な表示」を指定（告示） 5月 「特定商取引法」改正 6月 「消費者保護基本法」改正（消費者基本法に改称） 6月 「公益通報者保護法」公布 9月 第1回消費者政策会議 12月 「裁判外紛争解決手続の利用の促進に関する法律（ADR法）」公布	組織的なヤミ金融事犯に係る犯罪被害財産の発覚、振り込め詐欺被害の多発、偽造・盗難キャッシュカードによる被害の急増
2005年 (平成17年)	3月 「規制改革・民間開放推進3か年計画〔改定〕」閣議決定 4月 「消費者基本計画」閣議決定 4月 「個人情報の保護に関する法律」施行（個人情報取扱事業者の義務規定） 5月 「保険業法」改正 5月 「特定電子メールの送信の適正化等に関する法律（特定電子メール法）」改正 6月 国生審消費者政策部会消費者団体訴訟制度検討委員会報告公表 6月 金融庁に「金融サービス利用者相談室」設置 7月 「JAS法」改正	5月 高齢者を狙った悪質リフォーム工事被害が社会問題化 11月 耐震偽装問題 その他、多重債務問題の深刻化、生命保険、損害保険各社の保険金不払い問題

《年表》消費者問題等の歴史

	消費者行政等		消費者問題等	
2006年 (平成18年)	6月	「消費者契約法」改正（消費者団体訴訟制度導入）	3月	シュレッダーによる幼児の指切断事故
	6月	「証券取引法等の一部を改正する法律」「証券取引法等の一部を改正する法律の施行に伴う関係法律の整備等に関する法律」公布（「証券取引法」を「金融商品取引法」に改称）	6月	シンドラー社エレベーター事故
			10月	「法テラス（日本司法支援センター）」が相談開始
			11月	学納金返還訴訟最高裁判決
	12月	「消費生活用製品安全法」改正		その他、パロマ工業社製のガス瞬間湯沸器の一酸化炭素中毒死亡事故問題の顕在化、いわゆる「ロコ・ロンドン取引」の被害表面化
	12月	「貸金業法（貸金業等の規制に関する法律より改称）」、「出資法」、「利息制限法」改正		
2007年 (平成19年)	5月	「特定住宅瑕疵担保責任の履行の確保等に関する法律（住宅瑕疵担保履行法）」公布	6月	NOVA事件
			8月	（特非）消費者機構日本、（特非）消費者機構関西　適格消費者団体に認定
	10月	国民生活センター、こんにゃく入りゼリーの窒息による死亡事故情報を公表	10月	L&G（円天）事件
			11月	㈳全国消費生活相談員協会　適格消費者団体に認定
	10月	福田首相所信表明「消費者や生活者の視点に立った行政」へ転換		その他、ミートホープ事件等の食品偽装表示事件の発覚
	11月	「消費生活用製品安全法」改正		
	11月	「電気用品安全法」改正		
2008年 (平成20年)	1月	福田首相、施政方針演説で「消費者庁」を創設する方針を表明	1月	中国冷凍ギョウザ問題
	2月	第1回消費者行政推進会議	4月	後期高齢者医療制度開始
	5月	「消費者契約法等の一部を改正する法律」公布（特定商取引法・景品表示法へ差止請求の対象拡大）	9月	リーマン・ブラザーズ破綻
			11月	「日本消費者法学会」設立
	5月	「独立行政法人国民生活センター法」改正（国民生活センターに紛争解決委員会設置）		その他、ゼロゼロ物件トラブル増加
	6月	「保険法」公布		
	6月	消費者行政推進基本計画閣議決定		
	9月	「消費者庁設置関連3法案」閣議決定		
2009年 (平成21年)	1月	平成20年度第2次補正予算成立。地方消費者活性化基金創設	2月	商工ローン業者「SFCG（旧商工ファンド）」が民事再生法の適用を申請
	3月	文科省、高等学校の学習指導要領改訂（消費者教育の充実）	9月	花王「エコナ関連製品」製造・販売中止
	4月	「JAS法」改正		その他、劇場型勧誘による被害多発
	4月	国民生活センター裁判外紛争解決手続（ADR）開始		
	6月	「消費者庁関連3法（消費者庁及び消費者委員会設置法、消費者庁及び消費者委員会設置法の施行に伴う関		

《年表》消費者問題等の歴史

	消費者行政等	消費者問題等
2009年 (平成21年)	係法律の整備に関する法律、消費者安全法)」公布 7月 「商品取引所法」改正(「商品先物取引法」に改称) 9月 消費者庁及び消費者委員会設置	
2010年 (平成22年)	1月 「消費者ホットライン」全国で運用開始 2月 「地方消費者行政の充実・強化のためのプラン」策定 3月 「消費者基本計画」閣議決定 3月 「消費者安全の確保に関する基本的な方針」内閣総理大臣決定 3月 国民生活センター、全国消費生活情報ネットワーク・システム刷新、「PIO-NET2010」運用開始 6月 「貸金業法」、「出資法」、「利息制限法」の改正完全施行 8月 消費者委員会初の建議	5月 パロマ工業社製ガス瞬間湯沸器による一酸化炭素中毒による死傷事故で、東京地裁が前社長に有罪判決 9月 貴金属等の訪問買取り被害多発 9月 消費者金融業者最大手「武富士」経営破綻 11月 こんにゃく入りゼリー、製品に欠陥なし判決 その他、外国通貨購入の被害が増加、クレジットカード現金化問題
2011年 (平成23年)	3月 国民生活センター「震災関連悪質商法110番」を被災4県対象に実施(120日間) 6月 「老人福祉法」改正(有料老人ホーム利用者保護、後見等の体制整備) 11月 消費者庁越境消費者センター開設	1月 グルーポンの販売したおせち料理に苦情相談次ぐ 3月 東日本大震災 原発事故発生 4月 生食用牛肉で集団食中毒発生 7月 決済代行業者登録制度(任意)開始 その他、震災に便乗した商法続発、小麦加水分解物を含有する「茶のしずく石鹸」によるアレルギー発覚、不適切な発行・勧誘行為による医療機関債トラブル発生、安愚楽牧場事件(5月民事再生法の適用申請、11月破産手続へ)、スマートフォンのトラブル急増
2012年 (平成24年)	7月 「地方消費者行政の充実・強化のための指針」策定 8月 「食品表示一元化検討会」報告書公表 8月 「特定商取引法」改正(訪問購入の追加) 8月 「消費者教育の推進に関する法律」公布 8月 「消費者基本法」改正 8月 「消費者安全法」改正(消費者安全調査委員会の設置、消費者の財産被害に係る隙間事案への行政措置の導入) 10月 消費者安全調査委員会発足 12月 「消費者団体訴訟制度ダイヤル」開	5月 「コンプガチャ」問題(景品表示法違反の見解) その他、サクラサイト商法の被害拡大、劇場型投資被害増大、被害を取り戻すという「二次被害」増加、健康食品の送りつけ商法多発

173

《年表》消費者問題等の歴史

		消費者行政等		消費者問題等
		設		
2013年 (平成25年)	6月	「食品表示法」公布、「食品衛生法」「JAS法」「健康増進法」「消費者契約法」（食品表示法へ差止請求の対象拡大）改正	7月	カネボウ化粧品、美白化粧品による白斑トラブル発覚
	6月	「平成25年版消費者白書（消費者政策の実施の状況に関する報告書）」公表（消費者庁初の法定白書）	10月	ホテル、百貨店、レストラン等における食品表示等の不正事案多発
	11月	「医薬品、医療機器等の品質、有効性及び安全性の確保等に関する法律」公布	12月	アクリフーズ、冷凍食品の農薬混入事案発覚
	12月	「消費者の財産的被害の集団的な回復のための民事の裁判手続の特例に関する法律」公布		
2014年 (平成26年)	6月	「景品表示法」、「消費者安全法」改正	4月	消費税5％から8％に変更
	6月	消費者安全調査委員会が「幼稚園で発生したプール事故」の調査報告書を公表（同委員会として初の調査結果報告となる。2014年には他に2件の事案について調査報告書を公表。）	7月	中国の工場における使用期限切れ鶏肉加工食品問題が発覚
			7月	ベネッセコーポレーション、個人情報流出が発覚
	11月	「景品表示法」改正（課徴金制度導入）	12月	ファストフード店等での異物混入報道
				その他、遠隔操作によるプロバイダ変更勧誘トラブルが急増、海外事業者とのバイナリーオプション取引に関するトラブルが急増

174

〈主要参考図書〉

国民生活審議会編『サービスと消費者保護』（大蔵省印刷局、1973年）
経済企画庁国民生活局消費者行政課編『消費者保護政策』（大蔵省印刷局、1973年）
経済企画庁国民生活局消費者行政課編『消費者被害の救済』（経済企画庁国民生活局、1975年）
竹内昭夫「消費者保護」竹内昭夫＝道田信一郎ほか編『現代の経済構造と法』（筑摩書房、1975年）
北川善太郎＝及川昭伍編『消費者保護法の基礎』（青林書院新社、1977年）
正田彬＝鈴木深雪『消費生活関係条例』（学陽書房、1980年）
国民生活センター編・加藤一郎ほか『消費生活と法』（第一法規、1981年）
加藤一郎＝竹内昭夫編『消費者法講座　総論』（日本評論社、1984年）
経済企画庁国民生活局編『国民生活行政20年のあゆみ』（大蔵省印刷局、1986年）
消費者問題研究会編『知っておきたい消費者行政』（大蔵省印刷局、1988年）
地方消費者行政推進委員会『地方消費者行政の新たな展開』（地方消費者行政推進委員会、1989年）
国民生活センター二十年史編纂委員会編『国民生活センター二十年史』（国民生活センター、1990年）
国民生活センター編『消費者問題と消費者保護』（第一法規、1990年）
経済企画庁国民生活局消費者行政第一課編『製造物責任法の論点』（商事法務研究会、1991年）
経済企画庁国民生活局消費者行政第一課編『逐条解説製造物責任法』（商事法務研究会、1994年）
国民生活センター編『消費者運動50年　20人が語る戦後の歩み』（ドメス出版、1996年）
消費者のための製造物責任法の制定を求める全国連絡会『「消費者の権利」

確立をめざして――PL法制定運動の記録』（消費者のための製造物責任法の
　　制定を求める全国連絡会、1997年）
国民生活センター編『戦後消費者運動史』（大蔵省印刷局、1997年）
升田純『詳解製造物責任法』（商事法務研究会、1997年）
及川昭伍＝森嶌昭夫監『消費社会の暮らしとルール』（中央法規、2000年）
経済企画庁国民生活局消費者行政第一課編『逐条解説消費者契約法』（商事
　　法務研究会、2000年）
野々山宏＝村千鶴子ほか編著『Q&A消費者契約法』（ぎょうせい、2000年）
落合誠一＝及川昭伍監『新しい時代の消費者法』（中央法規、2001年）
落合誠一『消費者契約法』（有斐閣、2001年）
及川昭伍監『消費者トラブルの実践知識と解決法』（中央法規、2002年）
森雅子監『消費者庁設置関連三法』（第一法規、2009年）
石戸谷豊「消費者庁と消費者委員会の誕生(上)(下)」国民生活研究49巻2号
　　（2009年）1頁・国民生活研究49巻3号（2009年）1頁
正田彬『消費者の権利〔新版〕』（岩波新書、2010年）
消費者庁編『逐条解説消費者安全法』（商事法務、2010年）
田口義明編著『グローバル時代の消費者と政策』（民事法研究会、2014年）

　その他、消費者庁による『消費者白書』、内閣府や経済企画庁による『国民生活白書』、消費者庁や経済企画庁による『ハンドブック消費者』、国民生活センターによる『消費生活年報』も参考にした。

著者略歴

【話し手】 及川昭伍（おいかわ　しょうご）

〔略歴〕　1932年岩手県生まれ。1954年東北大学法学部卒、大蔵省入省。以降、1964年より経済企画庁に移り、消費者行政課長、国民生活政策課長、国民生活局長、総合計画局長を歴任し、1987年退官。その後、国民生活センター理事長（1991年～1999年）、同顧問、全国消費生活相談員協会会長、同顧問を歴任。この間、内閣府国民生活審議会委員（1988年～2000年）なども務める。

〔学会等〕　仲裁ADR法学会理事、司法アクセス学会理事、日本消費者法学会など。

〔主要著書等〕　共編『消費者保護法の基礎』（青林書院新社、1977年）、共編『新しい時代の消費者法』（中央法規出版、2001年）

【聞き手】 田口義明（たぐち　よしあき）

〔略歴〕　1951年埼玉県生まれ。1974年東京大学法学部卒、経済企画庁入庁。以降、消費者行政、生活行政等に長年取り組み、内閣府国民生活局長、国民生活センター理事等を経て、現在、名古屋経済大学教授・消費者問題研究所長、名古屋市消費生活審議会会長。

〔学会等〕　仲裁ADR法学会理事、司法アクセス学会理事、日本消費者法学会、日本消費者教育学会。

〔主要著書等〕　編著『グローバル時代の消費者と政策』（民事法研究会、2014年）

【編集協力】　公益社団法人　全国消費生活相談員協会

　1977年に、全国で初めて消費生活専門家集団として発足。消費生活相談や適格消費者団体等の活動を通じ、消費者被害救済・防止や消費者教育・啓発活動に取り組んでいる。会員は約2000名。全国の地方自治体等の消費生活センター等で、消費生活相談員等として活躍。

消費者事件　歴史の証言
──消費者主権へのあゆみ──

平成27年11月16日　第1刷発行

定価　本体1500円＋税

著　者　及川昭伍・田口義明
発　行　株式会社　民事法研究会
印　刷　株式会社　太平印刷社

発行所　株式会社　民事法研究会
　　〒150-0013　東京都渋谷区恵比寿 3-7-16
　　〔営業〕TEL 03(5798)7257　FAX 03(5798)7258
　　〔編集〕TEL 03(5798)7277　FAX 03(5798)7278
　　http://www.minjiho.com/　　info@minjiho.com

落丁・乱丁はおとりかえします。　ISBN978-4-86556-048-0　C2032　¥1500E
カバーデザイン　山本直輝

▶初版より10年間の社会状況・法令・判例・理論・実務の変化を踏まえ大幅改訂！

日弁連消費者問題対策委員会設立30周年記念出版

キーワード式 消費者法事典 〔第2版〕

日本弁護士連合会消費者問題対策委員会　編

A5判・515頁・定価　本体4,200円＋税

本書の特色と狙い

▶消費者問題に関心をもつ方に幅広く支持された初版を、消費者庁発足をはじめとする消費者行政の動向、急増するインターネット取引や高齢社会をめぐる消費者問題など、この10年の間における変化に対応して大幅改訂！

▶日本弁護士連合会消費者問題対策委員会に所属する弁護士が、研究者、消費者団体関係者等の協力も得て、30年にわたる消費者被害救済活動の集大成として、消費者問題にかかわる事項・用語を網羅的に解説し、消費者法の到達点を明らかにした事典！

▶民法改正や消費者裁判手続特例法などの最新法改正情報、100を超える新判例、最新の理論・実務も盛り込み、この1冊で最新の消費者法関連情報が網羅的に把握できる！

▶1項目1頁のキーワード式で、15分野・370項目について簡明な解説を施したうえ、事項索引・判例索引も収録し、すぐに検索でき、理解・応用がしやすく実務・研究に至便！

▶消費者被害救済に携わる実務家、研究者はもちろん、消費者問題に関心のあるすべての方々にとって必携の1冊！

本書の主要内容

Ⅰ　消費者契約法・消費者法理論［30］
Ⅱ　特定商取引法・悪質商法［21］
Ⅲ　情報化社会の進展に伴うトラブル［28］
Ⅳ　金融サービス被害［43］
Ⅴ　宗教トラブル［17］
Ⅵ　クレジット契約被害［23］
Ⅶ　サラ金・ヤミ金・商工ローン被害［27］
Ⅷ　欠陥商品被害［24］
Ⅸ　食の安全［14］
Ⅹ　住宅被害［27］
Ⅺ　独占禁止法・不公正取引・不当表示［25］
Ⅻ　消費者訴訟［21］
ⅩⅢ　消費者行政・消費者政策［23］
ⅩⅣ　消費者教育［13］
ⅩⅤ　消費者運動［34］
参考資料
・《年表》日本弁護士連合会の消費者問題についての取組（1945年〜2013年）
・事項索引
・判例索引
※［　］内は各分野のキーワード数

発行　民事法研究会

〒150-0013　東京都渋谷区恵比寿3-7-16
（営業）TEL.03-5798-7257　FAX.03-5798-7258
http://www.minjiho.com/　info@minjiho.com

■ 平成26年改正までを織り込んだ最新版！■

推薦図書　全　国　消　費　生　活　相　談　員　協　会
　　　　　日本消費生活アドバイザー・コンサルタント・相談員協会

消費者六法
〔2015年版〕
――判例・約款付――

編集代表　甲斐道太郎・松本恒雄・木村達也

Ａ５判箱入り並製・1534頁・定価　本体 5,000円＋税

〔編集委員〕坂東俊矢／圓山茂夫／細川幸一／島川　勝／金子武嗣／関根幹雄
　　　　　　尾川雅清／田中　厚／中嶋　弘／薬袋真司／小久保哲郎／舟木　浩

▷▷▷▷▷▷▷▷▷▷▷▷　**さらに充実した2015年版のポイント**　◁◁◁◁◁◁◁◁◁◁◁◁

▶消費者問題に関わる場合に、これだけはどうしても必要だと思われる法令、判例、書式、約款を収録した実務六法！
▶事業者への課徴金制度を導入した景品表示法をはじめ、金融商品取引法、建築基準法、消費者安全法、保険業法等の改正に対応したほか、平成26年7月施行の改正生活保護法に係る省令・通知を収録！
▶平成26年改正までを織り込み、重要法令については政省令・通達・ガイドラインを収録！
▶〔判例編〕消費者問題に関係する838件の判例を、判例集未登載判例・簡裁判例まで収集！
▶〔約款・約定書・自主規制編〕消費者契約に関連する約款等を集め、最新版を収録！
▶〔付録〕①クーリング・オフ通知・支払停止等のお申出の内容に関する書面（例）・過量販売による解除通知の書式、②現行法におけるクーリング・オフ一覧、③消費者問題に役立つホームページ掲載情報などを収録！

本書の特色と狙い

▶弁護士、司法書士、消費生活アドバイザー・コンサルタント、消費生活相談員、自治体の消費生活担当者、企業の法務・消費者対応担当者等のために編集された六法！
▶消費者問題に取り組むうえで必要な法令を細大漏らさず収録し、重要な法律には政省令・通達の関連部分までまとめて掲載！
▶判例編として、実務の指針となる基本判例要旨を関連分野ごとに出典・関連法令も付して掲載！
▶関連する約款・約定書・自主規制や、実務の現場で役立つ資料も収録！

発行　民事法研究会

〒150-0013　東京都渋谷区恵比寿3-7-16
（営業）TEL.03-5798-7257　FAX.03-5798-7258
http://www.minjiho.com/　info@minjiho.com